W0304668

Timmendorfer Strand
und
Niendorf/Ostsee

Besucht, erforscht und beschrieben von Georg Schipporeit

Verlag Gronenberg

Timmendorfer Strand

und

Niendorf/Ostsee

Besucht, erforscht und beschrieben von Georg Schipporeit

Mit einem Geleitwort von Dagmar Berghoff

Verlag Gronenberg

Impressum

Redaktion und Gestaltung:	Ulrich Runkel
Fotos und Karten:	Karl-Heinz Autrum, Forschungs- und Technologiezentrum Westküste, Gemeinde Timmendorfer Strand, Hans-Ulrich Göllnitz, Dieter Hartmann, Michael Kunkel/Hoch Zwei, Stefan Kuester, Kurbetrieb Timmendorfer Strand, Landesvermessungsamt Schleswig-Holstein, Maritim Hotelgesellschaft, Fritz Meffert/Möller Ideenscout, Ostsee-Therme Scharbeutz, Gisi Rammecken/Möller Ideenscout, Otto Rönnpag, Georg Schipporeit, Schloss Warnsdorf, Karin Siegel, Karl-Heinz Stolley, Studio 12.
Druck:	Gronenberg Druck & Medien, Wiehl

Copyright 2002 by:	Georg Schipporeit, Hamburg (gschippo@aol.com)

ISBN 3-88265-234-9

Inhaltsverzeichnis

Geleitwort

von Dagmar Berghoff

In Timmendorfer Strand habe ich mehrfach für den NDR gedreht und bin jedes Mal begeistert von diesem eleganten, quirligen Badeort; von den vielen Geschäften, die für jeden Geschmack und Geldbeutel etwas bieten, den gemütlichen Restaurants mit einheimischer Küche und den Cafés auf der Flaniermeile, in denen man mit riesigen Eisbechern Sonne und Ostseeluft genießen kann.

Dieses Buch bietet umfassende Informationen und interessante Hintergrundgeschichten über Timmendorfer Strand mit seinem Nachbarort Niendorf und ist ein perfekter Reiseführer dazu. Ich wünsche ihm viele Leser, damit sie bei ihrem nächsten Ostseebesuch Timmendorfer Strand noch bewusster und intensiver erleben können.

Zu diesem Buch

Die Idee zu diesem Buch wurde bei einem Urlaubsaufenthalt im Dezember 2000 geboren. Ein Hamburger - und Urlaub in Timmendorfer Strand, im Dezember? (Nach Lektüre des "Winter"-Kapitels wird das nicht mehr so sehr verwundern.) Wie auch immer - jener außergewöhnlich milde und schöne Dezember ließ mir neben den gesundheitlichen Bestrebungen genügend Zeit und Muße, den Ort näher zu erkunden. Alten Urlaubsgewohnheiten folgend, führte mich einer meiner Wege zur Leihbücherei in der Ladenpassage des Timmendorfer Kongresshauses. Etwas über Timmendorfer Strand? - Leider Fehlanzeige. Und im Buchladen "Belletrist", gegenüber? Lediglich zwei ältere schmale Bildbändchen mit Schwarzweiß-Aufnahmen im Postkartenformat (auf die gute, allerdings veraltete Timmendorfer Chronik aus dem Jahr 1965 sollte ich erst später stoßen).

Das erschien mir dürftig. Zumal mich das neu entdeckte Timmendorf samt seinem Nachbarn Niendorf selbst jetzt im Winter überaus beeindruckte und mir weit hinausgewachsen schien über das altbekannte, eher durchschnittliche Ostseebad. Und so entstand der Gedanke, dem offensichtlichen Mangel selbst abzuhelfen. Aus meiner Idee wurde ein Konzept, eine kleine Stoffsammlung begann, und bald lag die erste Skizze vor.

Möglicherweise wäre es dabei geblieben, hätte ich nicht schon in dieser Anfangsphase Beistand von vielen Seiten erfahren. An erster Stelle ist Otto Rönnpag zu nennen, Realschulrektor a.D., Heimatforscher und langjähriger Timmendorfer Chronist. Im hohen Alter noch aktiv und engagiert, stellte er mir bereitwillig sein umfangreiches Text- und Bildarchiv zur Verfügung und unterstützte mich, wo er nur konnte. Er war die entscheidende Starthilfe für mein Buch, und ihm danke ich ganz besonders. Offene Ohren und großes Entgegenkommen fand ich dann bald auch im Kurbetrieb. Und als schließlich der Bürgermeister dem Projekt seine und der Gemeinde Unterstützung zusagte, gab es für mich eigentlich schon kein Zurück mehr.

Während der Materialsammlung und Recherche stieß ich überall im Ort (und auch anderswo) auf Wohlwollen und Unterstützung. Alle Namen hier aufzuführen hieße den Rahmen dieses Vorworts zu sprengen; die meisten sind im Text genannt. Jedem Einzelnen sei Dank. Im Übrigen kommt die Aufgeschlossenheit meiner Gesprächspartner und Informanten - diese Überzeugung habe ich gewonnen - nicht von ungefähr. Sie ist Ausfluss eines besonderen Timmendorfer Geists, der von Offenheit, Umgänglichkeit, Selbstbewusstsein und Gastfreundschaft gleichermaßen geprägt ist.

Das Buch wäre letztlich nicht zustande gekommen ohne den erfahrenen Rat meines Freundes Ulrich Runkel, dem es vielleicht gerade seine Distanz zu dem Objekt meiner Begierde erlaubte, mir den rechten Weg zu weisen.

Leserinnen und Leser sind nun eingeladen zu einer abwechslungs- und faktenreichen Reise durch die gar nicht so kurze Geschichte und die vielseitige Gegenwart von Timmendorfer Strand und Niendorf.

Hamburg, im Frühjahr 2002

Erster Teil

Von der Eiszeit bis zur Badezeit

Ein Pastor legte den Grundstein

Natur und Landschaft

Dass Land und Küste so geworden sind, wie nebenan beschrieben, ist im Wesentlichen der Eiszeit zuzuschreiben. Erst vor gut 100000 Jahren schufen gewaltige Gletscher - zusammen mit tektonischen Landbewegungen - die Abtrennung der Ostsee. Die Geestriegel Jütlands und Schleswig-Holsteins schoben sich in das Nordseegebiet. Es bildete sich dieses junge Nebenmeer Ostsee, das mit seinem Muttermeer über Skagerrak und Kattegat nur noch durch die Meerengen der beiden Belte und den Öresund verbunden ist. So wenig Nordseewasser strömt herein, dass der Salzgehalt im deutschen Teil der Ostsee bloß knapp ein Prozent beträgt (normales Meerwasser hat 3 bis 4%); am anderen Ende des kleinen Meeres, vor Finnland, geht der Mineralstoffanteil sogar gegen Null.

Einen besonders nachhaltigen Einfluss auf die Oberflächengestalt unserer neu entstandenen Küstenregion hatte dann eine (bisher) letzte Kälteperiode vor gerade mal 10000 Jahren. In der heutigen Timmendorfer Gegend sind sowohl die Höhenzüge in Strandnähe und im dörflichen Hinterland als auch der Hemmelsdorfer See Produkte dieser letzten Eiszeit. Die Anhöhen stellen die verbliebenen Reste der Endmoränen riesiger Gletscher dar, der See war ehedem eine von den abschmelzenden Eisbergen gespeiste offene Förde. Dieses jetzt allmählich verlandende Gewässer besitzt eine immerhin 44 Meter tiefe Stelle, die vermutlich der Strudelwirkung eines Gletscherabflusses entstammt. Weitere Indizien für die Eiszeiten sind die vielen hierher transportierten Findlinge und die geologischen Aufschlüsse im offen liegenden Hang des Brodtener Kliffs. Das lang gestreckte flache Meeresufer mit Strand und Dünenkette hat sich dann in den vergangenen Jahrtausenden allmählich entwickelt, erst ganz zuletzt unter Einfluss des Menschen. Diese Entwicklung ist nicht zu Ende.

Fakten, Fakten, Fakten

Die Koordinaten: 54 Grad 0 Minuten nördlicher Breite, 10 Grad 47 Minuten östlicher Länge. An einer Bucht der westlichen Ostsee gelegen, circa 6,5 Kilometer Küstenlinie mit Ausrichtung nach Nord/Nordost. Höchste Erhebung 24 Meter, tiefster Punkt - übrigens auch ganz Deutschlands - minus 44 Meter (nur mit Taucherausrüstung erreichbar, da in einem See gelegen). Fläche etwa 2000 Hektar, was einem Rechteck von 4 mal 5 Kilometer entsprechen würde, davon ein Viertel Wasser, ein Zehntel Wald, zwei Prozent Strand. So viel in aller Kürze zur Geo- und Topographie von Timmendorfer Strand.

Höhen und Tiefen

Das heutige Timmen- und Niendorfer Strandgebiet liegt zwischen zwei markanten Höhenzügen. Im Nordwesten die Waldungen Wohld und Kammer, durch das schluchtartige Tal des Kuhlbrook voneinander getrennt. Sie steigen auf Scharbeutzer Gebiet immerhin bis auf

Horst
29
Schürsdorfer
Moor
Schürsdorf
Hügelgrab
Schulendorf
Bullenwisch
Friedrichsberg
Tannenkrug
Grell-B
Sarkwitz
Schwartau
Blocks-B
Oldborg
Packau
Rohlsdorferbeek
Pansdorf
L 180
K 54
AS Pansdorf
Luschendorf
Luschendorferhof
Golf-platz
Oeverdiek
Kamp
Kattenhöhlen
Kummer
Wohld
Bf Timmendorfer Strand
Groß Timmendorf
Neuhof
Blumenhof
Hainholz
Voßbarg
Lutterberg
Rohlsdorf
Alttechau
Neuruppersdorf
Altruppersdorf
Curau
Breitenrehm
Otternkuhle
Neutechau
Horsdorf
Am Spann
Spann
E 47 A 1
L 102
L 102
207
Whs

Vervielfältigt mit Genehmigung des Landesvermessungsamtes Schleswig-Holstein vom 11.04.2002 1-562.6 S 150/02

Überbleibsel der Eiszeit: Der Hemmelsdorfer See.

33 Meter an. In der entgegengesetzten Himmelsrichtung das Brodtener Steilufer, ein "aktives" - also direkt am Meer gelegenes - Kliff von bis zu 26 Metern über dem Meer. Bei ruhiger See und Sonnenschein erlaubt der dortige Höhenweg Ausblicke à la Caspar David Friedrich. Aber jeder Wintersturm lässt Teile des Ufers abbrechen, jeder Regenguss schwemmt Muttererde und Kliffsand ins Meer. Ein (mühsamer) Spaziergang auf dem schmalen Ufersaum lässt das deutlich erkennen. Der durchschnittliche Rückgang der Klifflinie beträgt pro Jahr einen halben Meter. In tausend Jahren wird also das Dörfchen Brodten bereits angeknabbert sein. Noch viel später wird irgendwann aus dem aktiven Kliff ein "inaktives" Steilufer, bewachsen und nicht mehr von den Wellen attackiert. Daraus entsteht dann schließlich ein "totes" Kliff, wenn nämlich hohe Strandwälle den Zugriff des Meeres gänzlich unterbunden haben. Besichtigung: siehe Wohld und Kammer, denn das sind solche toten Kliffs! An deren Hangrändern gibt es schöne Waldwege zum Erkunden; man muss sie allerdings ein bisschen suchen.

Der eigentliche Strand zwischen den beiden unterschiedlichen Kliffs besitzt in seiner natürlichen Urform zwei Wälle am Ufer (und meist auch zwei Sandbänke im Wasser): wer nicht auf Sylt aufgewachsen ist, wird sie durchaus auch Dünen nennen können. Vorne eine erste niedrigere Sommerdüne, dahinter ein deutlich höherer Winterstrandwall. Die Vordüne musste früher in Winterstürmen oft daran glauben und trug dann zur Erhöhung ihrer größeren Schwester bei, vielleicht fünfzig Meter landeinwärts.

Beide Sandwälle waren ursprünglich weitgehend baumlos, aber dicht mit Strandhafer bewachsen und geschützt - daher gab es auch keine Bildung von Wanderdünen. Diese Dünenketten können in Timmendorfer Strand auch heute noch stellenweise gut wahrgenommen werden. Die vordere nahezu überall zwischen dem Liegestrand und der Promenade, die höhere Winterdüne besonders gut bei den Hotels "Villa Gropius" und "Villa Röhl" an der Strandallee. Hier begann dann auch die Baumzone.

Golfplatz in der Gletscherlandschaft am Oeverdiek.

Die Verhältnisse vor Niendorf sind durch dessen vorgeschobene Nordlage etwas andere. Der Strandsaum ist dort schmaler, den Winterstürmen mehr ausgesetzt (so dass er seit der Besiedlung im Mittelalter mit Reisigfaschinen und Buhnen geschützt werden muss). Auch ist der Strand steiniger, denn der vom nahen Brodtener Ufer herandriftende Abtrag ist hier noch bedeutend gröber als beim weiter entfernten heutigen Timmendorfer Strand.

Das Hinterland

Hinter der weitgeschwungenen Küstenlinie Timmendorfs bietet sich ein vielfältiges Landschaftsensemble, das seine Ursprünge weit in der Vergangenheit hat. Der vorgeschichtliche Waldanteil im Binnenland muss wohl bei 100 Prozent gelegen haben - durchsetzt mit Heideflächen und Mooren. Die heute verbliebenen Forstbestände in Kammer und Wohld, dem kleinen Niendorfer Wittinghaaf-Gehölz sowie in der Aalbeek-Niederung vermitteln noch einen Eindruck von dieser Ursituation. Etwas weiter landeinwärts befindet man sich alsbald mitten im schleswig-holsteinischen Hügel- und Seenland. Ganz typisch die bewegte Gegend um den Oeverdiek (Oberteich), heute Golfplatzgelände; dieser idyllische kleine See ist ein glazialer Reliktsee, also ein Überbleibsel der vormaligen Vereisung, das Ganze eine ausgesprochen diluviale Landschaft. Sie wurde infolge ihrer nährstoffreichen Böden schon im Mittelalter gerodet und dann mehr und mehr landwirtschaftlich genutzt. Der heute so vertraute Anblick der Knicks zwischen den leuchtenden Raps- und wogenden Getreidefeldern ist freilich neueren Datums. Noch jünger sind die Golfplätze, die immerhin die Landschaft vor weiterer Zersiedelung bewahren; neben der 1973 eröffneten Anlage am Oeverdiek entsteht neuerdings ein weiterer großer Platz auf der Ostseite des Hemmelsdorfer Sees.

Brandung bei Nordost-Sturm.

Von dort ist es nicht weit bis zu einer der schönsten Stellen der ganzen Gegend, dem Naturschutzgebiet der Aalbeek-Niederung bei Niendorf. Ein Aussichtsturm ("Hermann-Löns-Blick") erlaubt hier eine herrliche Rundum-Sicht auf eine an der Ostseeseite zugewachsene ehemalige Meeresbucht: den fünf Kilometer langen malerischen Binnensee, seinen Schilfgürtel und das moorige Wald-, Busch- und Wiesengebiet auf seiner Nordflanke sowie den Ausfluss des kleinen Flüsschens Aalbeek zur Ostsee.

Wind und Wetter

Ein schier unerschöpfliches Thema ist das Wetter. Und zwar vor allem: das schlechte Wetter! Dabei ist Timmendorfer Strand, objektiv betrachtet, überhaupt nicht so schlimm dran. Es gehört zur atlantisch-maritimen gemäßigten Klimazone. Der temperierende Einfluss des Golfstroms reicht bis hierher. Und gegenüber dem notorischen Schlechtwetterbereich der Norddeutschen Tiefebene genießt Timmendorf einen großen Vorteil: es darf schon ab und zu ein bisschen an den osteuropäischen Hochs schnuppern. Das Mikroklima ist ein "mildes Reizklima". Die Reizfaktoren Sonnenschein und Wind, ohnehin nicht extrem ausgeprägt, werden durch den temperaturausgleichenden Einfluss des Meeres, den Waldbestand und die Staubarmut gemildert.

Richtig warm ist es selten - der Nordpol liegt eben deutlich näher als der Äquator. Einmal wurden trotzdem 35,6 Grad gemessen - allerdings auch schon minus 27,2 Grad. Die Sonnenscheindauer hat mit die höchsten, die Niederschlagsmenge die niedrigsten Werte in Schleswig-Holstein. Aber alle Angaben der Statistik sind natürlich, wie immer, ohne Gewähr für die Zukunft. Der Wind weht vorwiegend aus Südwest, also von Land, im Winter öfter auch aus dem Osten. Dann wird es meistens kälter und es kommt Seegang auf.

Land unter

Manchmal, aber gottlob sehr selten, gibt es auch Sturmfluten. Sie treten nur bei ganz bestimmten raren winterlichen Luftdrucksituationen auf und sind wirkliche *Sturm*-Fluten, hervorgerufen durch länger anhaltenden Nordoststurm (und keine - mondstandabhängigen - *Spring*-Fluten). Außerdem müssen aber noch bestimmte Eigenschwingungen des Wassers in dem wannenartig langgestreckten Ostseebecken hinzukommen, um katastrophale Folgen auszulösen. So bei der schwersten bisher bekannten Sturmflut von 1872. Von ihr wird noch die Rede sein. Mondzyklische Flut und Ebbe aber gibt es praktisch nicht: der Gezeitenhub in der Lübecker Bucht beträgt nur 10 bis 15 cm.

Tiere und Pflanzen

Was Besiedlung, Rodung und Felderwirtschaft von der Natur noch unberührt gelassen hatten, ist von touristischer Erschließung (seit 1850) und späterer Verkehrsentwicklung in Mitleidenschaft gezogen worden. Vom restlichen Waldbestand war weiter oben schon die Rede. Auch die übrige Pflanzen- und die Tierwelt haben gelitten. Dennoch gibt es in Timmendorfer Strand intakte Bereiche, die noch eine Ahnung vom Früheren vermitteln.

In erster Linie natürlich das Meer selbst. Im Fischbestand zwar stark reduziert und durch Einleitungen in ihrem biologischen Gleichgewicht gestört, scheint sich die Ostsee aber durch intensive Schutzmaßnahmen auf dem Wege der Besserung zu befinden. Fast alle Fischarten - vor allem Hering und Dorsch, daneben die verschiedenen Plattfische (Flunder, Butt, Seezunge) - werden noch gefangen. Die Welt der Wasser- und Strandvögel (Möwen, Enten, Seeschwalben, Kormorane) ist ziemlich komplett. Muscheln aller Art sind reichlich zu finden, Krebse (Strandkrabben) allerdings nur noch ab und zu. Die zeitweise massenhaft auftretende Qualle ist am Badestrand eher unerwünscht, der Seestern viel beliebter, aber umso seltener geworden. Tang und Seegras gibt es zuweilen im Übermaß, dies aber auch schon in früheren Zeiten. Die Pflanzen am Küstensaum sind zwar einheimische (Strandhafer, Sanddorn, Heckenrosen), jedoch größtenteils angepflanzt. Das Gleiche gilt für die meisten der so authentisch wirkenden Bäume im Dünenbereich.

Noch schwerer zu erhalten sind Flora und Fauna im vorgeschädigten Binnenland. Straßen, Parkplätze, Bauerschließung, Holzwirtschaft, Grundwasserabsenkung, Abgase: das ist die noch immer fast ungebrochen aktive Gegnerschaft. Dennoch finden sich speziell im Wohld, im Niendorfer Kurpark Wittinghaaf und in der naturgeschützten Aalbeek-Niederung am Hemmelsdorfer See sehr viele ursprüngliche (endemische) Arten. Die herrlichen Buchenhochwaldpartien im Wohld samt zugehörigem Wildbestand, die Eichen- und Haselbestände im Wittinghaaf mit seinem einmaligen Pilzreichtum und die artenreiche Vogelwelt (die meisten heimischen Singvögel, daneben auch viele Greif- und Eulenvögel) gehören dazu. Und den schönen Grüngürtel mit seinen Biotopen, der Timmendorfer Strand durchzieht, verdankt der Ort sogar erst seiner touristischen Erschließung.

Ein Solitär ist die mehrere hundert Jahre alte Eiche direkt an der Timmendorfer Strandallee. Hinter dem Naturdenkmal türmt sich der Wolkenkratzer des „Maritim Golf- und Sporthotels".

Das Lübecker Gebiet in grauer Vorzeit.

Ein bisschen Historisches

Auch in Timmendorf lebten bereits vor 5000 bis 7000 Jahren, in der postglazialen Wärmezeit, Menschen. Klein, zäh, langhaarig, mit schlechten Zähnen, Arthrose und niedriger Lebenserwartung, haben diese "Ötzi"-Zeitgenossen hier gesammelt, gefischt, gejagt - und gezeugt. Vielleicht sogar auch schon geackert, wie jüngste Funde im Norden mutmaßen lassen. Ein lokales Beweisstück für jene Steinzeitmenschen: das Steinbeil aus Feuerstein (Flint), 1955 mitten im Ort bei Bauarbeiten gefunden, genau beschrieben und glaubwürdig datiert - nur unglückseligerweise abhanden gekommen. Jüngere Funde sind dann sogar bis ins Museum in Schleswig gelangt, darunter ein im Moorgelände bei Warnsdorf gut konserviertes Beil mit Holzstiel. Ein steinzeitliches Megalithgrab am Rande des Wohld ist im Laufe der Zeit leider im wahren Sinne des Wortes dem Erdboden gleichgemacht worden.

Die Bronzezeit hinterließ am Nordrand der Gemeinde ein Schwert im Schätzalter von über 3000 Jahren. Diese neue Technologie stellte einige Anforderungen an Infrastruktur und Handel: Wagen und Schiffe als Verkehrsmittel; Bernstein und Pelze als nordische Tauschgüter, vielleicht sogar auch eigene Leute als "Fremdarbeiter". Das war sozusagen eine erste Globalisierungswelle, denn die Handelsbeziehungen reichten bis in die letzten Zipfel der damaligen Welt.

Den Rohstoff der darauf folgenden Eisenzeit, Raseneisenerz, fand man sogar im Lande selbst. Aus dieser Zeit, etwa 500 v. Chr., stammt ein komplettes Gräberfeld in Groß Timmendorf. Es weist auf schon dichtere Besiedlung und solide Sesshaftigkeit hin. Viehhaltung und Landwirtschaft sind längst gang und gäbe.

Für die folgenden etwa 1000 Jahre gibt es auf Timmendorfer Gebiet bisher keine Funde. Da auch im übrigen Norden die Spuren rar werden, ist eine Art Auswanderungswelle anzunehmen - Auftakt zu den jahrhundertelangen Völkerwanderungswirren. Die Germanen in unserem Areal müssen um das Jahr 800 eindringenden slawischen Obotriten weichen; Liubice (Alt-Lübeck), an der Mündung der Schwartau in die Trave, wird Residenz der Obotritenfürsten. In diesem umkämpften slawisch-deutschen Grenzgebiet hielten sich die Wenden, wie diese Slawen auch genannt werden, lange auf ihrem westlichen Vorposten. Erst 1138/1139 werden sie endgültig vertrieben, hinterlassen allerdings so manches Erbe.

Grundsteinlegungen

Um diese Zeit entstehen die deutschen Dörfer unseres Landstrichs. Ob Neugründung oder aber Fortführung eroberter wendischer Ortschaften - in jedem Fall dürfte es sich um gezielte, christianisierende Kolonisation der menschenarm gewordenen Lande gehandelt haben. Der fruchtbare Boden bot sich für bäuerliche Besiedlung an. Die Küste interessierte wenig.

• Ratekau, entstanden aus der slawischen Gründung Ratecowe, wird als Kirchspiel zum Mittelpunkt. Dazu zählt (und zwar bis in die jüngste Zeit) auch politisch Timmendorf.

• Eine gute Fußstunde entfernt von hier liegt damals Klein Timmendorf, das 1260 erstmals als Tymmendorp urkundlich erwähnt wird und später auch als Wendisch-Timmendorf auftaucht. In dem Ortsnamen dürfte ein (deutscher) Gründer namens Timmo verewigt sein. Das anscheinend von Anfang an deutsche Groß Timmendorf, seit 1371 in den Akten verzeichnet, ist sicher schon früher gegründet.

• Niendorf bzw. Nyendorpe (Neues Dorf) erscheint im Lübecker Stadtbuch 1385, wird aber ebenfalls älter sein. Die im Hinterland des Ortes heute noch gut erkennbare Burgwallanlage, genannt "Räuberkuhle", stammt aus der mittelalterlichen Raubritterzeit.

• Hemmelsdorf, einstmals mit einer Burg bewehrt, ist seit 1319 aktenkundig.

Eines der wenigen archäologischen Dokumente aus dem Gebiet der Gemeinde: Ein „Griffangelschwert“ aus der Bronzezeit.

Vom Glanz der Kirchen

Lübeck, seit 1160 Bischofssitz, war das Zentrum der ostholsteinischen Christianisierung. Die (zunächst noch einheitliche) Kirche bringt Glanz in den kargen frühen Alltag der Landbevölkerung: die christliche Bilderwelt fasziniert die Menschen - in einer sonst noch bilderlosen Zeit. Dazu mussten die Timmendorfer allerdings nach Ratekau. Dessen romanische Vicelinkirche, eine wehrhafte Feldsteinkirche von 1156, gilt mit ihrem mächtigen runden, etwas schiefen Turm als die am besten erhaltene ihrer Art. Die Niendorfer hingegen waren in Travemünde eingepfarrt. Eigene Kirchen besaßen diese Dörfer damals noch nicht. Die Reformation später verlief halbwegs friedlich und geordnet. Bugenhagen, Luthers Mann im Norden, schuf eine einheitliche Kirchenordnung für Schleswig-Holstein; sein Name ist heute auch mit Timmendorf verbunden (s. Seite 52). Das Hochdeutsche wurde Kirchen- und Amtssprache.

Von Lübeck über Oldenburg zu Ostholstein

Vier Kilometer traveaufwärts des wendischen Liubice war auf einer Traveinsel Lübeck neu gegründet worden. Die Kaufmannssiedlung erlebte einen großartigen Aufschwung und übernahm mit dem Aufstieg der Hanse seit Ende des 13. Jahrhunderts deren Führung als ihr "Vorort". Lübecker Einfluss, weltlich und kirchlich, war bald allgegenwärtig. Grundstücke, Ländereien, halbe Dörfer wechselten häufig ihre Besitzer, oft wegen deren Verschuldung. Das Lübecker Domkapitel, eine

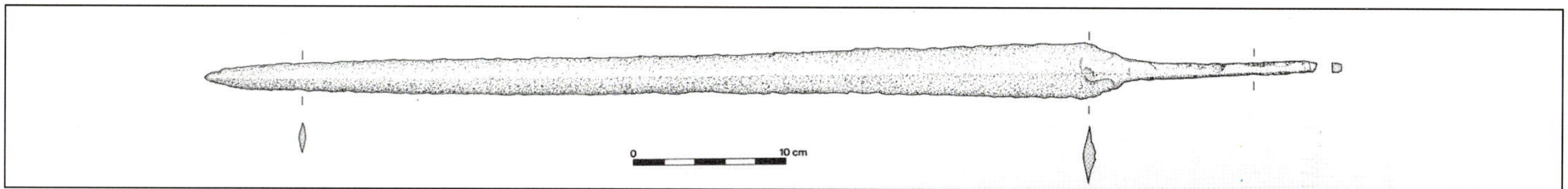

Der schiefe Turm von Ratekau: 48 Meter reine Romanik beherrschen heute wie damals den Ort und seine ländliche Umgebung.

Art geistlicher Regierung des Bistums, besaß auf diese Weise jahrhundertelang große zusammenhängende Teile des heutigen Timmendorfer Gemeindegebietes.

Der Erfolg der Hanse beschert zwar auch dem Hinterland wirtschaftlichen Fortschritt, aber Missernten, Schädlinge, Trockenheit, Seuchen und Kriege bedrohen immer wieder die bäuerliche Existenz. Und es gibt die drückende Leibeigenschaft. Erst Ende des 18. Jahrhunderts bringt eine Agrarreform in Schleswig-Holstein den Übergang vom Genossenschaftswesen zum Einzelbauern. Die gesamte Landfläche der Dörfer wird neu aufgeteilt, wobei unter anderem die heute so charakteristischen Knicks - bepflanzte Erdwälle zwischen den Feldern - angelegt werden. Die damals vergebenen Flurbezeichnungen leben teilweise bis heute in den Straßennamen fort. Endlich erlischt auch die Abhängigkeit vom Gutsherrn.

Zu einer Kuriosität führte eine der vielen dynastischen Besonderheiten Schleswig-Holsteins: Das aus dem Bistum Lübeck hervorgegangene Fürstentum Lübeck gehörte seit 1773 als Exklave zum Großherzogtum - später Freistaat - Oldenburg (dem "in Oldenburg" also, nicht dem "in Holstein"). Residenzstadt der Herzöge und Großherzöge war Eutin. Nach Einsetzen des Badelebens an der schleswig-holsteinischen Ostküste im 19. Jahrhundert gab es demzufolge hier die oldenburgischen Bäder Niendorf, Timmendorfer Strand, Scharbeutz und Haffkrug. Trotz kluger Förderung durch ihre Eutiner Regierung blieben diese aber - wie ganz Ostholstein - strukturschwach (weshalb, neben anderen Gründen, dieser oldenburgische Landesteil schon in den frühen 1930er Jahren eine Hochburg der Nationalsozialisten bildete).

1937 wurde durch das Groß-Hamburg-Gesetz der Landkreis Eutin geschaffen und zu Schleswig-Holstein geschlagen (ebenso Lübeck, dessen Selbständigkeit damit nach über siebenhundert Jahren endigte). Timmendorfer Strand ist damals Teil der Großgemeinde Ratekau, die zu diesem Landkreis Eutin gehört. 1945 wird es durch einen Akt der britischen Besatzungsbehörden herausgelöst und selbst zur Großgemeinde -

mit "seinen" Dörfern Groß und Klein Timmendorf, Niendorf und Hemmelsdorf. Bei der großen Gebietsreform des Jahres 1970 entstand dann aus den Landkreisen Eutin und Oldenburg i.H. der Kreis Ostholstein. Kreisstadt wurde und blieb bis zum heutigen Tag Eutin.

Von der Kate zum Ostseebad

Vor 150 Jahren gab es im heutigen Timmendorfer Strandgebiet keinerlei menschliche Siedlung. Nur im Hinterland die paar Dörfer. Und im Osten, jenseits der kleinen Aalbeek, Travemünde zugekehrt: Niendorf. Aber hier vorne an der Seeseite nichts außer einem langen Sandstrand mit viel Seegras, kargen Viehweiden und einer niedrigen Dünenkette; dazu Sträucher, Bäume und ein paar Feldwege. Nahezu unberührte, kaum genutzte Küstennatur, eingefasst von Laubwäldern. Timmendorfer Strand - es wird als reine Bade-Siedlung völlig neu entstehen.

Eine Vorbemerkung

Die Entwicklung des Badeortes Timmendorfer Strand muss zumindest bis zum Jahr 1945 getrennt für seine beiden Ortsteile Timmendorfer Strand und Niendorf dargestellt werden. Nicht nur, weil sie erst ab dann zu einer Gemeinde gehören, sondern auch, weil die beiden Teile eine so unterschiedliche Geschichte haben.

Niendorf als Ostseebad ist organisch aus dem schon lange bestehenden Bauerndorf hervorgegangen, während Timmendorfer Strand keine solchen Wurzeln hatte. Es hat sich von Anfang an als reiner Badeort entwickelt. Das bringt Mentalitätsunterschiede mit sich, die erstaunlicherweise bis in die Gegenwart reichen. Manche sagen, es seien immer noch zwei Orte.

Zwei Bilder der Gleiß-Kate: Links im späten Originalzustand, als das Haus als Arbeitsamt genutzt wurde. Bild rechts: Ein Hamburger rettete das vom Abriss bedrohte Gebäude und baute es zu einem Lokal für Feinschmecker um (s. Seite 98).

"Als ich mit meiner Familie im Sommer 1864 in Niendorf badete und häufig meine Spaziergänge am Strande bis nach Klein Timmendorf ausdehnte, zog mich der ausgezeichnete schöne Strand sowie der Wald dort sehr an. Dabei schien mir das ausgedehnte Strandland zwischen Niendorf und Timmendorf, das nur als Weideland kümmerlich benutzt wurde, nach Kultur Verlangen zu tragen und erweckte in mir den alten Trieb, das Wüste urbar zu machen. Das alles, und besonders auch der Wunsch, eine bequeme Gelegenheit zum Seebad, das sich so wohltätig für meine Gesundheit bei der Neigung zu rheumatischen Übeln herausstellte, ließ mich den Gedanken ins Auge fassen, mich hier irgendwo am Strande anzubauen.
Der Oberförster Meyer (Bruder von Adalbert Meyer ...) in Schwartau wies mich an den Waldarbeiter Daniels in Klein Timmendorf als einen erfahrenen und praktischen Mann, der mir dabei gewiß behülflich sein und vielleicht selbst als Einwohner in einem von mir zu erbauenden Hause dessen Hüter sein könne. Ich besuchte ihn und fand ihn sehr willig dazu. Durch ihn wurde ich auf drei Strandkoppeln aufmerksam gemacht, die der Besitzer, der Hufner Faasch in Klein Timmendorf, verkaufen wollte.
Am 30. Nov. 1864 kamen wir in Ratekau zusammen und kaufte ich die drei Koppeln am Timmendorfer Wohld Nr. 1 groß drei Tonnen 195 Quadratruten, Nr. 2 groß vier Tonnen 63 Quadratruten, Nr. 3 groß 2 Tonnen 165 Quadratruten (eine Tonne von 240 Ruten = gleich 1/2 ha.) für die Summe von 2500,- Mk. Bko. Am 21. April 1865 erhielt ich von der Großherzogl. Regierung Eutin die Erlaubnis, auf dem von mir aquirierten Grundstück ein Haus mit einer Einliegewohnung zu bauen, und wurde diese Besitzung zu einer Eigenkathe constituiert.
Sofort traf ich die nötigen Einrichtungen zum Bau eines Hauses, womit schon im Mai durch den Zimmermann Grammerstorff in Arfrade begonnen wurde. Zuerst wurde der Platz geebnet, ein Brunnen gegraben, der reichlich Wasser brachte, und als das Haus Ende Juni gerichtet ward, war ich mit meiner Familie gegenwärtig und ward die Feier mit Gebet und Gottes Wort beschlossen. Im August desselben Jahres konnte Daniels, der bis dahin beim Bau des Hauses schon sehr wertvolle Dienste geleistet hatte, einziehen, und ich konnte schon einige Wochen mit Johannes in demselben wohnen, obgleich nur ein Zimmer einigermaßen fertig war. Im Herbst wurde der Bau vollendet, ein eisernes vergoldetes Kreuz oben auf das Haus und eine Tafel mit der Inschrift: Pax vobiscum 1865 vorne am Hause befestigt. Im Herbst d.J. wurde auch ein Garten vor dem Hause für mich angelegt und einige Obstbäume und Gebüsch gepflanzt. Die Hinterwohnung und das Land verpachtete ich an Daniels und behielt mir nur den Garten vor dem Hause und die Hauptwohnung vor.

Im Jahre 1866 wurde das Haus gemalt und mit dem Tapezieren angefangen, der Stall vergrößert, eine Anzahl Fichten, Georginen und Obstbäume wie auch Gebüsch gepflanzt. Im Jahre 1867 wurde auch oben tapeziert, ein Wagenschauer an den Stall angebaut und mit Pflanzungen fortgefahren.
Im Frühling 1871 ward die Bodenkammer nach Süden mit Brettern verkleidet, mit einer Glastür versehen und tapeziert. Im Sommer 1871 wurde auf der Scheunendiele eine neue Kammer für Daniels gebaut. Im September zog der Arbeitsmann Wessel und Frau in die hintere Wohnung ein, mit Daniels zusammen.
Im Sommer 1872 ward eine Veranda gebaut und dieselbe 1874 vergrößert. Bei der großen Sturmflut am 13. November 1872 wurde das Haus gnädig behütet. Das Wasser drang, von dem Bruch herkommend, und hernach den Dünenweg durchbrechend, herein, überströmte Land und Garten und drang auch ins Haus, fußhoch in den unteren Zimmern stehend. Der Einwohner Wessel flüchtete mit seinen Sachen nach Timmendorf, bis ans Knie durchs Wasser gehend von Hause nach dem Wohld. Die Witwe Daniels war schon 14 Tage vorher ausgezogen.
Im März1873 zog ein neuer Einwohner und Pächter Esemann mit seiner Frau ein.Im Sommer 1872 kaufte ich von dem Erbpächter Jak. Joh. Nic. Kelling in Niendorf eine Wiese auf der Niendorfer Feldmark, genannt Niewisch, groß 535 Quadrat-Ruten für 440 Thlr.Pr. (1.14 ha). 1875 verkaufte ich auf der Mittelstrandkoppel 12 Ar Landes, an der Düne gelegen, für 360 Mk. an Frau Pastorin Valentiner, geb. Volquards, in Hamburg, auf welchem Lande sie sich ein Haus zum Sommeraufenthalt bauen will. 1876 wird das Haus fertig und von ihr bezogen; 1876 kaufte sie noch 3 Ar dazu für 90 Mk. 1878 verkaufte ich für 400 Mk. auf der Achterst Strandkoppel 6 Ar Landes an den Senatssekretair Dr. Eckardt - Hamburg, 24 Ar für 1000 Mk. an den Geh. Oberregierungsrat Schöne in Berlin, die sich 2 Häuser auf der Düne erbaut haben, die sie 1879 im Juli bezogen haben.
1879 verkaufte ich 12 Ar für 500 Mk. an den Schiffsbaumeister Evers in Lübeck, neben dem Besitz des Geheimrats Schöne. 1879 kaufte Dr. Eckardt noch die neben seinem Grundstück gelegene Ecke mit den Buchen auf der Düne, groß ca. 5 Ar für 300 Mk.“

Anmerkung: Der obenstehende Text ist der Auszug eines Berichtes, den der Pfarrer Friedrich August Gleiß als „Chronik von Klein Timmendorf“ für seine Nachkommen niederschrieb. Das historische Dokument zeigt u. a., dass sich der Gründervater von Timmendorfer Strand auf Grundstücksgeschäfte schon ganz gut verstand. Das alte Haus steht an der Wohldstraße.

Pionier und erster Badegast an diesen einsamen Gestaden - das Seebaden ist anderswo ja bereits eine gewisse Modeerscheinung geworden - war ein Pastor aus dem etwa 15 Kilometer entfernten Örtchen Curau: Friedrich August Gleiß. (Siehe auch Dokumentation auf den vorigen Seiten)

Eine Sturmflut kommt zu Hilfe

Pastor Gleiß bleibt erst einmal ohne Nachbarn. Weit entfernt am anderen Ende des heutigen Ortes, in Richtung Niendorf, entsteht 1868 ein erstes "Logierhaus", das Haus Rix. Womit die Ortslage von Timmendorfer Strand schon ungefähr festgelegt wäre. Zwei, drei weitere Häuser folgen. Als eigentliche Initialzündung für die ganze Region erweist sich dann aber die äußerst schwere Sturmflut vom November 1872. Diese richtet an der ganzen ostholsteinischen Küste großen Schaden an und fordert einige Menschenleben. Eine Welle der Hilfsbereitschaft geht durch das gerade neu gegründete Deutsche Reich. Es wird gesammelt und für den Wiederaufbau gespendet. Und es gibt erstmals Publizität für diesen entlegenen, weithin unbekannten Landesteil: Er wird „entdeckt".

Wie es um 1880 aussah

Frühe Landkarten, pflichtgemäß von Vermessern oder auch freiwillig von Amateuren gezeichnet, stellen die ersten bildlichen Aufzeichnungen aus der Vergangenheit unseres Ortes dar. Eine Karte aus den 1880er Jahren (siehe Seiten 28/29) zeigt die Siedlung Klein Timmendorf und ihre Flurstücke. In Strandnähe kann man bereits einige wenige Einzelanwesen ausmachen. Um das Dorf herum Felder, verschiedene Koppeln, zur See hin die Strandkoppeln, die den Landwirten als Weideflächen für ihr Vieh dienten. Der Wohld ist deutlich als geschlossenes Waldgebiet zu erkennen, ebenso das „Havenoth-Gehege"; an der Grenze zu Niendorf liegen die „Niendorfer Kiefern". Unten links im

Mit dem Zweispänner zum Strand.

Anschnitt ein See, der Oeverdiek, an dem entlang - wie noch heute - der Weg nach Scharbeutz führt. Das übrige Gelände besteht vorwiegend aus unbewirtschafteten Bruch-, Wiesen- und Buschflächen.

Zu sehen ist auch bereits der damalige Weg von Klein Timmendorf an den Strand. Er verzweigt am Ende nach Nordosten und Südwesten: Dieser Feldweg wird später zur Bergstraße - auch heute immer noch die Hauptzufahrt in den Ort - und seine beiden Zweige werden zu der jetzigen Strandallee. An ihrer Gabelung wird die heutige Topadresse Timmendorfer Platz entstehen. Alle Landstraßen waren unbefestigt, staubig, uneben, bei schlechtem Wetter und im Winter oft genug unpassierbar. Den frühen Badegästen blieb aber keine Wahl. Seit 1873 war Pansdorf Eisenbahnstation - von dort ab ging es dann mit dem Zweispänner in anderthalb bis zwei Stunden über Groß und Klein Timmendorf an den Strand. Von irgendeiner Küstenstraße (heute: die B 76) keine Spur. Zur Not fuhren die Fuhrwerke auch am Strand entlang.

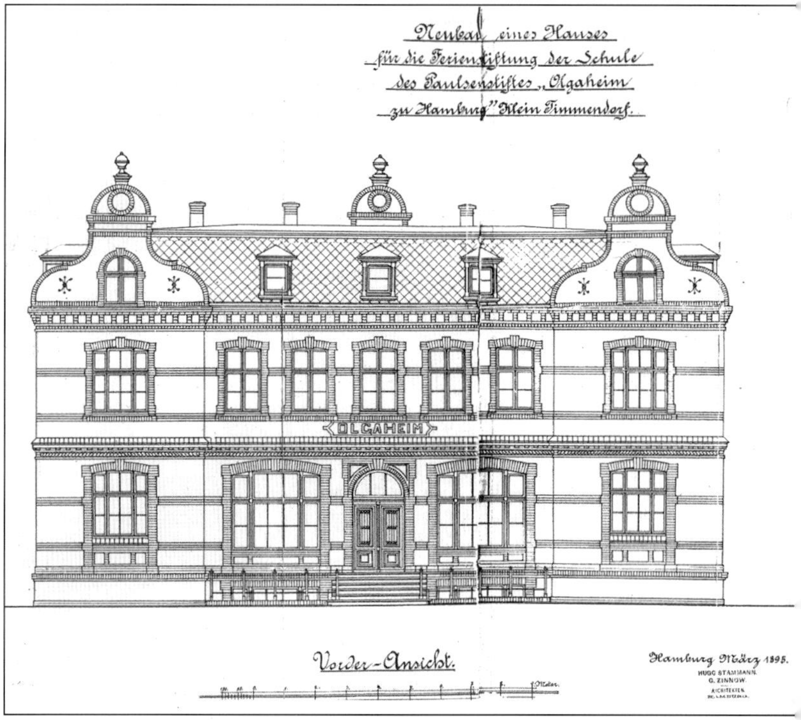

Was die wenigen sommerlichen Timmendorfer Strandhausbewohner um das Jahr 1880 in ihrer noch fast natürlichen Umgebung sahen, zeigt das überkommene Skizzenbuch eines der ersten von ihnen, des Berliner Museumsdirektors Schöne. Dessen Frau hatte den hübschen Fleck auf einem Spaziergang von Niendorf aus entdeckt (auch das vom Ehepaar Schöne damals hoch auf der Winterdüne errichtete Haus ist noch heute - ziemlich unverändert - erhalten: Strandallee 32). Ihr Mann, künstlerisch ausgebildet und noch jung an Jahren, zeichnete in den Jahren 1879 bis 1883 einige charakteristische Motive: Bauernhäuser, Wiesen, Waldwege, Bäume. Und auch den offenen Strand (siehe o. Zeichung) - ein Idyll aus spiegelndem Meer, Sand und Wald; die Ruhe ist spürbar.

Weichenstellungen

Es siedeln sich nun weitere Herrschaften mit Sommerhäusern an, auf zunächst noch billigen und idyllisch-einsamen Waldgrundstücken. Gleiß bekommt also Gesellschaft - und macht bei Teilverkäufen seines üppigen Areals sogar erste bescheidene Gewinne. Im Jahr 1900 hat der Ort dann immerhin schon 439 Einwohner - und 700 Badegäste! Gebadet wird - laut Badeordnung von 1902 - "nur unter Benutzung von Badekarren zum Aus- und Anziehen" (der mehr oder weniger hochgeschlossenen Badekleidung), und zwar bis 11 Uhr die Damen und Kinder, danach die Herren. Lange Kleider, Hüte, Sonnenschirme und Kieler Matrosenanzüge bestimmen die Strandmode.

Um die Anwesen Gleiß und Rix herum haben sich bald zwei Siedlungskerne gebildet. In der fast noch jungfräulichen Mitte zwischen ihnen, dem heutigen Zentrum von Timmendorfer Strand, steht zu der Zeit allerdings schon das "Olgaheim" (siehe Originalansicht oben). Von einer Hamburger Stiftung als Erholungsstätte für "unbemittelte und schwächliche" Kinder 1896 errichtet, wird dieses Haus eine recht wechselhafte Zukunft bis in unsere Gegenwart haben. Die entstandene bescheidene Agglomeration heißt jetzt "Klein Timmendorfer Strand" und umfasst im Jahr 1911 etwa 130 kleinere und größere Häuser. Die Grundstruktur der Ortschaft, ihre langgestreckte strandbezogene Lage ist umrissen, ein Zentrum fixiert.

Die alte Flurkarte von Klein Timmendorf

Kiefern
Gehege
Niendorf
B
Herrenbruch. Gehege №30.
Harenoth. Gehege №29.
№61
Hemmelsdorfer Flur
B
A

Die Strandpromenade - und eine Kapelle

Schon sehr früh - wohl um 1896 - war in der langen flachen Vordünenkette ein zunächst nur schmaler befestigter Spazierweg angelegt worden. Kiefern wurden angepflanzt, später auch andere Baumarten. Ganz offensichtlich hat man von Anfang an landschaftsgestaltende Ziele. Der Weg ist harmonisch den Dünen und ihrem Bewuchs angepasst und folgt in leichten Windungen, Anstiegen und Gefällen dem Geländeverlauf; immer liegt die graublaue Bucht, der Strand, die Ostsee im Blick. Das Gespür der damaligen Initiatoren, vor über hundert Jahren, ist zu bewundern! Was wäre Timmendorfer Strand heute ohne diesen so naturhaft wirkenden, in der Folgezeit immer schöner gewordenen Promenadenweg mitsamt dem breiten Waldsaum? Manche vermuten allerdings, prosaisch genug, man habe damals lediglich die Voraussetzungen für die Erhebung einer Kurtaxe schaffen wollen, die 1900 von den Eutiner Behörden eingeführt worden war.

Eine andere weitsichtige Festlegung für die Zukunft war 1911 die erste Anlage eines noch kleinen Kurparks, bereits ungefähr an seiner heutigen Stelle im Weichbild des Ortes. Auch der Stranddünenbereich von dort bis zum "Olgaheim", also etwa das Gelände der heutigen Kurpromenade, wird kurz darauf erstmals verschönert. Und schließlich wird 1913 eine weitere Zukunftsweiche gestellt, die den Ort bis heute prägt: die private Bebauung der sogenannten Vordüne wird freigegeben - allerdings unter strengen Auflagen für die Schonung des Baumbestandes. Auf dieser ersten, vorgelagerten (Sommer-)Dünenkette hatte es bis dahin lediglich ein paar Badebauten gegeben. Von der neuen Möglichkeit wird alsbald reger Gebrauch gemacht, denn eine solche "1a-Lage" gibt es nur einmal.

Etwas abseits des Strandes wird 1912 aus Kollekten und aus Mitteln des Bäderfonds im Wohld eine evangelische Waldkapelle gebaut. Dort hatte der zuständige Ratekauer Pastor im Sommer hin und wieder gepredigt.

Hier wohnen Sie in der ersten Reihe

Wenn auch heute nicht mehr sehr viele Häuser aus jener frühen Zeit stehen, so ist es doch unverändert vor allem diese vorderste Reihe von Häusern an der Strandpromenade, die Timmendorf baulich das Gepräge gibt. Eine lose aneinandergereihte vielgestaltige Kette von ein- oder zweigeschossigen Bauten auf relativ großen Parzellen, entlang der ganzen langen Küstenlinie: vom hölzernen Sommerhäuschen bis zur Villa mit Säulenportal, von traditionell bis modern, von (meist) zurückhaltend bis (selten) protzig, von skandinavisch bis - neuerdings - asiatisch. Alt, neu, erweitert oder umgebaut, im Dünensand und unter Kiefern - natürlich immer mit der Schauseite zur Ostsee. Die Idylle wäre bis heute ungebrochen, wenn da nicht Ende der 1960er, Anfang der 1970er Jahre ... Doch wir wollen nicht vorgreifen.

Die Einrichtung der Kapelle wird gestiftet. Um sie herum entsteht später der schöne Waldfriedhof. Lange Zeit blieb das Kirchlein lediglich Mittelpunkt einer "Kapellengemeinde"; zu einer eigenen Kirchengemeinde kommt es erst 1946.

Zwischen den Weltkriegen

Bis zum Ersten Weltkrieg hat sich also nun ein regelrechter Badeort nach damaligem Standard entwickelt. Weitere Pensionen, Hotels und Privathäuser waren gebaut worden, ein Strandpavillon war entstanden, ein Warmbad, eine Lesehalle. Erste Prominenz mietet sich zum Baden ein. So bereits 1907 der Maler Lovis Corinth aus Berlin. Später dann, im Jahr 1922, die Künstler Feininger und Kandinsky sowie Bauhaus-Gründer Walter Gropius, dessen Name das bemerkenswerte Haus seines Vaters an der Strandallee ziert - heute ein Hotel.

Die frühere Kurverwaltung von 1924.

Die ehemalige Lesehalle aus dem Jahr 1913.

Nach dem Krieg war die "erste Reihe" an Grundstücken schnell ausverkauft und bebaut. Dabei entstanden in Richtung Scharbeutz fast ausschließlich Privathäuser und Villen, in Richtung Niendorf dagegen Pensionen und Fremdenheime (nur ein Hotel gab es hier, das "Seeschlösschen", ursprünglich ein Caféhaus).

Die Verkehrsverbindungen hatten sich beträchtlich verbessert: Timmendorfer Strand kann jetzt bequem auf der Straße erreicht werden, bald auch mit der Eisenbahn. Und im Sommer - nachdem eine erste Landungsbrücke errichtet worden ist - sogar via Dampfyacht mit dem Seebäderdienst.

Die Weltwirtschaftskrise samt ihren Folgen hatte dann ähnliche indirekte Auswirkungen wie seinerzeit die 1872er Sturmflut: Die Ankurbelungsprogramme der dreißiger Jahre verschafften Timmendorfer Strand seinen "englischen" Kurpark, schon etwa im heutigen Umfang, und Arbeitsdienstkolonnen pflanzten weitere Kiefern und erweiterten die Strandpromenade ungefähr zu ihrer jetzigen Größe. Auch die übrige Infrastruktur des sich kräftig entwickelnden Ortes wächst nach, Handwerk und Einzelhandel lassen sich nieder.

Ein kleines Gebäude für eine Kurverwaltung wird 1924 in der Ortsmitte gebaut: das bis heute äußerlich unveränderte sogenannte "Strohdachhaus" (am Strandzugang Saunaring bei der Curschmann-Klinik). Von hier aus werden die Bädergemeinden Timmendorfer Strand, Niendorf, Scharbeutz und Haffkrug gemeinsam (kur-) verwaltet. Diese vier "oldenburgischen Ostseebäder" können sogar über einen recht gut dotierten Bäderfonds verfügen. Ein weiteres hübsches, noch erhaltenes Reetdachhaus aus dieser Oldenburger Zeit ist die aus dem Jahr 1913 stammende frühere Lesehalle an der Strandpromenade, neben dem "Seeschlösschen". Auch sie gehört zu dem so genannten Bädervermögen, das erst viel später von der Gemeinde Timmendorfer Strand übernommen werden wird.

Stand 1938

Als nach diesen wenigen Jahren der Prosperität der Zweite Weltkrieg naht, ist Timmendorfer Strand - Teil der Gemeinde Ratekau - ein modernes, gutausgestattetes, wenngleich zugegebenermaßen nicht gerade bedeutendes Ostseebad. Es hat aber schon eindeutig die Führungsrolle unter den vier ehemals oldenburgischen Bädern übernommen, deren gemeinsame Kurverwaltung es ja beherbergt. Der Landesfremdenverkehrsverband Nordmark, zu dem es jetzt gehört, bestätigt in einem Prospekt, dass der Ort "allen Ansprüchen eines erholungsuchenden Publikums, insbesondere auf dem Gebiet einer abwechslungsreichen Unterhaltung, Rechnung trägt". Von diesen Gästen kommen im letzten Friedensjahr 1938 immerhin fast 28000. - Erst 1955 soll diese Zahl wieder erreicht und übertroffen werden, dann aber unter völlig gewandelten Verhältnissen. Denn nun, unter anderem, gehört der alte Nachbarort Niendorf dazu. Und der eigentliche Aufschwung wird erst beginnen.

Timmendorfs Zentrum in der Vorkriegszeit.

Geradezu kleinstädtischen Charakter bekommt Timmendorf dann in der Folgezeit: Das Postgebäude wird gebaut, eine eigene Bahnstation geschaffen und die Versorgungsbetriebe werden gegründet. Auch für eine katholische Kirche entsteht jetzt Bedarf. 1930 entsteht auf einem Grundstück an der Poststraße die St.-Paulus-Kirche Timmendorfer Strand, ein paar Jahre darauf auch ein kleines Pfarrhaus für den "Kurgeistlichen". Und von ganz großer Bedeutung, vor allem für spätere Jahre: 1937 wird die Hamburger Autobahn fertig.

Inzwischen ist das einst führende Niendorf der kleinere Nachbar geworden, dessen Gästezahlen deutlich hinter denen Timmendorfs zurückbleiben. Am Strand herrscht im Sommer hier wie dort reges Badetreiben. Die Badekarren sind längst von Strandkörben abgelöst worden, und der Strandburgenbau erlebt einen ersten Höhepunkt - dem sich jedoch wenig später solche Tiefpunkte wie Hitler-Skulpturen anschließen.

Niendorf - mit Vorgeschichte

Niendorf, heute also Ortsteil der Großgemeinde, hat - im Gegensatz zu Timmendorfer Strand - eine Vorgeschichte. Es war jahrhundertelang ein bäuerliches "Kapitelsdorf" (des Lübecker Domkapitels). Eine Vollbauernstelle (Hufner), ein paar Kleinbauern (Kätner) und einige Landarbeiter (Insten) sind als Grundbesitzer eingetragen. Älteste Landkarten zeigen die schon geschlossen bebaute kleine Siedlung, erstaunlich weit vorn an der Küste, mit ihren landeinwärts liegenden wenigen Gärten und Feldern (siehe Seiten 34/35). Lauf und Mündung der kleinen Aalbeek bilden eine natürliche Grenze im Westen. Niendorf ist nach Osten, in Richtung Travemünde, ausgerichtet, der Weg dorthin über Brodten und seine Hügel nicht weit. Eine andere Straße führt ins Hinterland, in das alte Dorf Häven und nach Warnsdorf.

Die legendäre französische Vermessungskarte (Ausschnitt).

Seit seinen Ursprüngen war es ziemlich still um das "hufenarme" Küstendorf, das trotz seines wenigen Ackerlandes bäuerlich blieb, da die Lübecker Herrschaft lange Zeit keine Fischereirechte einräumen wollte. Einmal allerdings, in der so genannten Franzosenzeit nach 1806, drohte Niendorf aus seiner dörflichen Ruhe geschreckt zu werden: die napoleonische Marine plante allen Ernstes, den Hemmelsdorfer See mit der Aalbeekmündung als "Kriegshafen" an der Ostsee auszubauen - die entsprechende französische Vermessungskarte liegt noch heute im Archiv. Daraus wurde dann nichts - es sei denn, man sähe den über hundert Jahre später gebauten Niendorfer Fischereihafen als späte Verwirklichung der welschen Pläne an.

... und wieder Sturmflut

Selbst die Geschichte des *Bade*-Ortes Niendorf ist älter als die Timmendorfs. Denn schon im Jahr 1855, also sieben Jahre bevor am Timmendorfer Strand überhaupt das erste Haus entsteht, bekommt der Bauer Johannsen vom zuständigen Amt in Schwartau das Halten zweier Badekarren "verstattet". Er wird damit der erste Badewirt des kleinen Ortes: die Geburtsstunde des Ostseebades Niendorf. Aus dem benachbarten Travemünde ist das neumodische Strandleben inzwischen bekannt - nun geht es hier also auch los mit dem Fremdenverkehr. Und zwar zügig, da es eine Infrastruktur in dem Dorf ja schon gibt. So hatte Johannsen aus seinem Gastschnell ein Logierhaus und aus diesem alsbald ein "Hôtel" gemacht. Auch ein Speisesaal muss angebaut werden, der die "Table d´Hôte" beherbergt.

„To Hülp!"

Am 12./13. November 1872 kommt es zu einer wahrhaft verheerenden Sturmflut. 24 Stunden tobt ein Nordoststurm gegen die Küste. Der folgende Auszug aus einem Originalbericht gibt die Dramatik wieder: Bauernvogt Spiel aus Klein Timmendorf hat mit ansehen müssen, wie ein Dreimaster auf den Strand geworfen wird. Die Mannschaft scheint vorerst nicht in Gefahr. Während Spiel noch zuschaut, wie die Männer die Reste der Segel bergen, kommt von Niendorf Fischer Brockmann angerannt. "To Hülp!" ruft er Spiel schon von weitem entgegen. "Dat ganze Dörp geiht to Grunn! Wi künnt de Minschen nich bargen. Dat Water kümmt uns ok von achtern dörch de Aalbeek un den Hemmelsdörper See to Liew!" "Wi kamt un helpt ju!" entgegnet Spiel. Damit läuft er schon ins Dorf zurück und ruft alle Männer zusammen ...

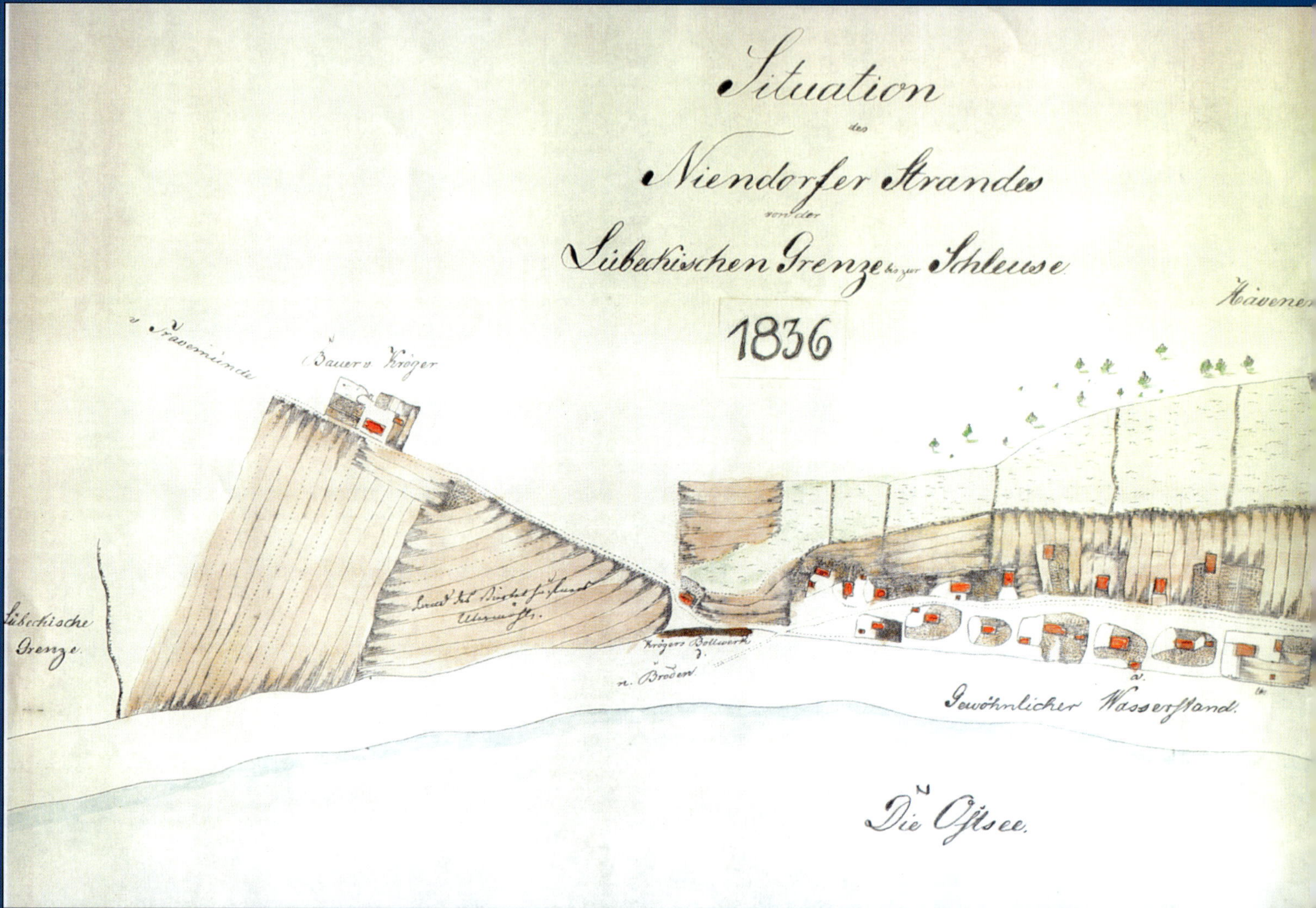

Seltenes Stück: Handgemalte Karte Niendorfs, bevor es Seebad wurde.

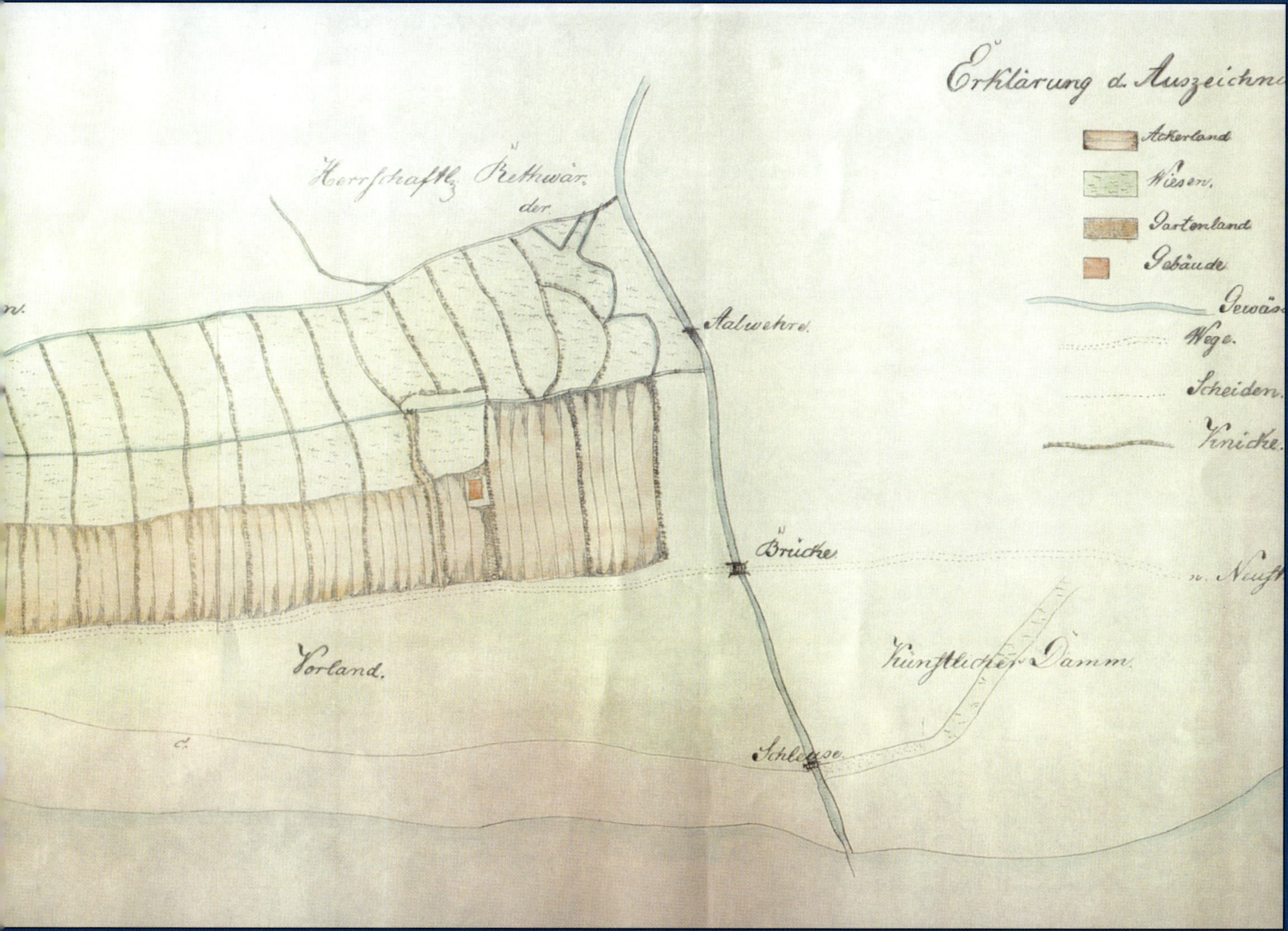
Erklärung d. Auszeichn
Ackerland
Wiesen.
Gartenland
Gebäude
Gewäs
Wege.
Scheiden.
Knicke.
Herrschaftl. Rethwär.
der.
Aalwehre.
Brücke
Vorland.
Künstlicher Damm.
Schleuse.

Strandleben um 1900: Gebadet wird nur von den Badekarren aus.

Niendorf wird schwer getroffen: Zwölf Häuser sind völlig zerstört, die meisten anderen mehr oder weniger stark beschädigt, das neue Strandbollwerk ruiniert. Viele Einwohner sind nur mit Mühe dem Tode entronnen, ihr Hab und Gut sowie auch das meiste Vieh ist verloren. Doch sofort wird mit dem Wiederaufbau begonnen. Von den im Deutschen Reich - unter dem Protektorat des kaiserlichen Kronprinzen - gesammelten Geldern gehen 90000 Reichsmark an das besonders schwer getroffene Niendorf. Und damit kann einiges bewegt werden.

Gründerjahre

Eine rege Baukonjunktur setzt nun ein. Die Zahl der Wohnhäuser steigt von 37 im Jahr 1875 auf 100 im Jahr 1890, die der Einwohner von 193 auf 453. Auch die Gästezahlen wachsen rasant und liegen mit über 3000 pro Jahr zu Beginn der 1890er Jahre sogar über denen Travemündes. Einen ersten Kurpark gibt es bereits seit 1881: das schöne Waldstück "Wittinghaaf" mit dem so genannten Zauberteich, das ein Bauer dem Ort testamentarisch vermacht hat. Selbst von makabren Ereignissen wie der Hamburger Cholera-Epidemie von 1892, die gewisse Absetzbewegungen der besseren Kreise zur Folge hat, kann der Ort profitieren.

Anfang des neuen Jahrhunderts ist Niendorf schon annähernd im jetzigen Umriss besiedelt - allerdings nur etwa bis zur heutigen Bäderrandstraße und beileibe nicht so dicht wie in unseren Tagen. Bedeutend dichter aber jedenfalls als das nun langsam an die Niendorfer Gemarkung heranwachsende Klein Timmendorf. Das wird vermutlich zu dieser Zeit von dem etablierten Niendorf noch nicht wahr- oder gar ernst genommen. Hat man doch hier in Niendorf bereits Petroleumbeleuchtung, Telefon und Telegraf, eine eigene Kirche, ja bald sogar eine Bahnstation! Und seit 1896 eine veritable Promenade, später dann auch eine 220 Meter lange Seebrücke.

Die Einwohnerzahl im Jahr 1900 beträgt stolze 573, also (noch) deutlich mehr als die Klein Timmendorfs. Niendorf wird allmählich sogar eine Adresse für Wohlhabende aus ganz Norddeutschland, die sich hier Villen bauen.

Das größte Hotel, immer noch Johannsens, verfügt inzwischen über sechzig Gästebetten. Alle einschlägigen "Badeeinrichtungen für kalte und warme Seebäder" gibt es sowieso längst. Niendorf ist um diese Jahrhundertwende in der Tat das bedeutendste Ostseebad an der Lübecker Bucht. Die schlechte Nachricht: Wie in den Nachbarorten wird ab 1900 Kurtaxe - fünf Mark die Woche (ungefähr so viel wie der heutige Tagessatz) - kassiert.

Niendorf wird nun auch zum Urlaubsort für Prominente ihrer Zeit. Sind es in Timmendorf die bildenden Künstler, so zieht Niendorf anscheinend die Dichter an. Erster war wohl, im Sommer 1881, Emanuel Geibel ("Der Mai ist gekommen"). Im Jahr 1907 weilt Wilhelm Raabe hier, auch er - schon damals auf Spender angewiesen - heute nahezu vergessen. 1911 dann schließlich für längere Zeit der in unseren Tagen immer noch populäre "Heidedichter" Hermann Löns, er allerdings auf einem privaten Tiefpunkt angelangt: Finanzen, Familie und wahrscheinlich auch die Leber ruiniert. An ihn erinnert der Aussichtsturm "Hermann-Löns-Blick" am Hemmelsdorfer See.

Und auch die älteste Kirche der heutigen Gemeinde Timmendorfer Strand entsteht in Niendorf. Es ist die 1899 geweihte evangelische St.-Petri-Kirche am Wiesengrund. Der Name nimmt Bezug auf den Apostel Simon Petrus, einen Fischer, der aus dem Küstendorf Bethsaida stammte. Man will dokumentieren, dass Niendorf ein Fischerort ist. Selbständige Kirchengemeinde wurde Niendorf aber erst 1946. Bis dahin bestand zunächst die alte Beziehung zu Travemünde, später dann zu Eutin bzw. Ratekau.

Vom Fischerdorf zum Badeort: Niendorf.

Fishermen´s Forderungen

Die Niendorfer Fischer, so sehr ihnen zusätzliche Einnahmen aus der Zimmervermietung vielleicht gelegen kamen, sahen "ihren" Strand durch den Fremdenverkehr in Gefahr. Da sie ja über keinen Hafen verfügten, spielte sich ihr gesamtes Landgeschäft auf dem offenen Strand ab: Anlandung, Verkauf, Netztrocknung - und natürlich auch die Lagerung der vielen Boote, selbst wenn sie nicht eingesetzt wurden. Das waren platz-, lärm- und geruchsintensive Tätigkeiten, die sich nicht gut mit den wachsenden Ansprüchen der Gäste vertrugen. Mit einer Eingabe forderten deshalb die damals 45 Kleinunternehmer im Jahr 1912, ihnen einen Hafenplatz für ihr Gewerbe zu bauen. Ein Kostenvoranschlag lag gleich dabei. Die Fischerei sei eine "Volksnahrungsquelle" und diene auch "zur Heranbildung seetüchtiger Matrosen für die Kriegs- und Handelsflotte“. Die Anregung kam für diesen Zweck zwar zu spät, aber der Hafen sollte noch kommen.

Der frische Fang wird am Niendorfer Strand verhökert.

Ein nachträglich eingebauter Hafen

Über hundert Jahre nach Napoleons gescheitertem Versuch wird dann von 1920 bis 1922 endlich ein Fischereischutzhafen in Niendorf gebaut. Bis dahin hat es dort nicht die Spur eines Landeplatzes gegeben. Nur das kleine Flüsschen Aalbeek mündet hier still aus dem Hemmelsdorfer See. Eine winzige Schleuse zur Regelung des Zu- und Abflusses, eine kleine Wegbrücke sowie ein Aalwehr (das den Namen des Baches als gerechtfertigt erscheinen lässt) - das ist alles. Nun aber soll ein geschützter Hafen her, ein Becken, die Einfahrt, Kaianlagen. Schon bei der Planung, dann auch bei der Finanzierung und erst recht beim Bau der Anlagen gibt es Schwierigkeiten. (Sie sind 1997 in einer Chronik anläßlich der 75-Jahr-Feier ausführlich beschrieben worden). Auch in den folgenden Jahrzehnten muss immer wieder an dem Hafen gebaut werden. Schon bald zeigt sich, dass die Hafeneinfahrt versandet - das Brodtener Ufer lässt grüßen. Eher konstruktiv sind dagegen die verschiedenen Hafenerweiterungen - vor allem für die Segler, die sich bereits ab etwa 1930 hier wohl zu fühlen beginnen.

Niendorf bis zum Zweiten Weltkrieg

Eine alles in allem stolze Zeit des Aufschwungs ging exakt mit dem Beginn des Ersten Weltkrieges schlagartig zu Ende. Mit einem ganz besonderen Paukenschlag sogar: Ausgerechnet an jenem 1. August 1914 wird von einer Marine-Kapelle aus Kiel der neue große Musik-Pavillon am Niendorfer Strand eingeweiht. Die Musik hat erst einmal Ruh´, und der Badebetrieb kommt praktisch zum Erliegen. Nach 1918 wird dann jedoch bald wieder gebadet. Und auch gebaut. Ähnlich wie in Timmendorfer Strand, das sich im Zuge der Weltwirtschaftskrise kräftig entwickelt (s. Seite 31), geht es in Niendorf weiter bergauf.

Viel Publikum wird in den dreißiger Jahren mit Sonderzügen herangebracht, aus Hamburg, Hannover und Lüneburg. 1939 wird ein Rekordjahr, doch die Saison endet so abrupt wie 25 Jahre vorher die von 1914 - mit einem Kriegsbeginn. Dieser Zweite Weltkrieg wird schrecklich werden, und die Folgen für Niendorf sind es auch. Erst 1948 kann wieder von Ansätzen zu einer Sommersaison gesprochen werden, aber von einer Normalisierung noch lange nicht. Letzten Endes wird nichts wieder so werden wie vorher.

Wahrzeichen für Jahrzehnte: Strandpavillon in Niendorf.

Die Geburt der Großgemeinde

In den letzten Kriegstagen Anfang Mai 1945 geht es auch in Timmendorf, wie fast überall, drunter und drüber. Gottseidank gibt es keine unmittelbaren Kampfhandlungen in den Orten an der Küste. Ein fürchterliches Drama spielt sich jedoch am 3. Mai draußen auf See, vor den Augen aller Anwohner der Neustädter Bucht ab. Das mit Tausenden von evakuierten KZ-Häftlingen total überfüllte deutsche Schiff "Cap Arcona" wird durch alliierte Angriffe wenige Seemeilen vor der Küste versenkt. Hunderte von Toten werden an Land getrieben oder vom Wrack geborgen. Über 800 sind in Massengräbern am Wohld beerdigt, wo später - auf dem jetzigen Waldfriedhof - ein Ehrenmal errichtet wird. Heute findet dort alljährlich am 3. Mai eine schlichte offizielle Kranzniederlegung statt.

Am 1. Mai, nach anderen Angaben am 5. Mai 1945, wird das mit Flüchtlingen, Ausgebombten und Lazarettinsassen völlig überfüllte Timmendorf von englischen Truppen besetzt. Es wird, wie gesagt, nicht geschossen, wohl aber wird reichlich beschlagnahmt. Die Besatzungsmacht braucht Platz, und sie sucht sich natürlich das Beste aus. Ganze Straßenzüge werden mit Beschlag belegt, Strandabschnitte abgesperrt. Man muss noch weiter zusammenrücken: Timmendorf hat zu der Zeit über 11000 gemeldete Einwohner, Niendorf fast 4000! Es gibt dementsprechend viel zu regeln und zu verwalten, was übrigens schon in den letzten Kriegsjahren mehr und mehr von der hiesigen Kurverwaltung und nicht von der eigentlich zuständigen Gemeindeverwaltung im ländlichen Ratekau getan wurde.

Die Briten setzen dann mit Befehl vom 19. Juni 1945 kurzerhand einen Bürgermeister in Timmendorfer Strand ein (kurioserweise einen in Niendorf wohnhaften Griechen namens Pascalides). Die Orte Klein und Groß Timmendorf sowie Niendorf und Hemmelsdorf

Der Gedenkstein für die Opfer des Untergangs der „Cap Arcona".

werden per Erlaß der Militärregierung einfach als dazugehörig erklärt. Damit ist die heutige Großgemeinde - zunächst heißt sie "Timmendorferstrand a.O." - de facto geschaffen. (Da mochten sich die Gemeindeväter in Ratekau noch so gegen diese Sezession sträuben - es blieb dabei, es ist bis heute dabei geblieben. Besiegelt wurde die Ausgliederung allerdings erst im Jahr 1948 nach jahrelangem Streit, denn schließlich ging es auch um Steuereinnahmen.) Timmendorfer Strand ist Mittelpunkt der neuen Gemeinde und Sitz ihrer Verwaltung. Es wird die ihm zugefallene Chance zu nutzen wissen.

Das Gemeindewappen von Timmendorfer Strand: Segelschiff mit Seepferdchen in gold auf ostseeblauem Grund.

Die großen Zeiten des Aufbaus

Aufschwung in den Fünfzigern

Die ersten Jahre nach dem Kriegsende von 1945 sind bittere Jahre. Der Fremdenverkehr liegt völlig darnieder. Verwaltet wird der Mangel, vor allem an Wohnraum und Lebensmitteln. Es bleibt nichts anderes übrig als anzupacken - wie überall in Deutschland. Und dieses Deutschland, es besteht erst einmal aus vier Besatzungszonen (und Berlin), demnächst dann - vierzig Jahre lang - aus zwei Staaten. Die Grenze zwischen den drei Westzonen ("Trizonesien") und dem Ostteil, die bald Eiserner Vorhang genannt werden sollte, beginnt nur wenige Kilometer von Timmendorf entfernt. Sie schneidet das Bad von einem guten Teil seines bisherigen Hinterlandes ab. Bis zum Kriege war immerhin ein Viertel der Dauergäste aus diesem Gebiet gekommen.

Doch noch mehr schneidet die Zonengrenze die Einwohner im Westen von den meisten ihrer früheren Badeorte in der Ostzone bzw. der DDR ab (von denen in Pommern und Ostpreußen einmal ganz abgesehen). Diese Seebäder aber hatten bis zum Kriege den weitaus größten Teil der deutschen Badegäste aufgenommen. Man muss sich nun in Westdeutschland mit dem bescheiden, was man selber hat. Und da nimmt unsere neue Großgemeinde Timmendorfer Strand jetzt plötzlich einen Spitzenrang ein! Es ist ja, wie wir gesehen haben, ein recht modernes Seebad, mit einem schönen langen Strand, einer guten Infrastruktur, erstklassigen Verkehrsverbindungen - und es hat keine wesentlichen Kriegsschäden. Als die ersten schlimmen Nachkriegsjahre vorbei, die Besatzungstruppen abgezogen und

Erfolgsstory Wurstfabrik

Im Jahre 1947 beginnt die erstaunliche Geschichte eines Timmendorfer Unternehmens. Die Fleisch- und Wurstwarenfabrik Wilhelm Brandenburg nimmt ihre Anfänge in einer ehemaligen Meierei an der Hauptstraße, wo sie heute noch ihren Sitz hat. Brandenburg kam aus Rügenwalde an der hinterpommerschen Ostseeküste, wo seine Familie seit 1885 eine schon damals weithin bekannte kaltgeräucherte Wurst herstellte. Durch Zufall nach Timmendorfer Strand verschlagen, hatte er in der vertrauten Ostseeumgebung eine Art Heimaterlebnis und fasste den Entschluss, hier neu zu starten. Aus kleinsten Anfängen baute Brandenburg ohne fremde Hilfe eine neue Produktion auf. Diese war schon bald wieder sehr erfolgreich. Viele seiner Arbeiterinnen und Arbeiter waren ebenso mittellose Ost-Flüchtlinge wie Brandenburg selbst - also besonders ehrgeizig und fleißig. Die Rügenwalder Teewurst aus Timmendorfer Strand erfreute sich bald wieder größter nationaler und internationaler Beliebtheit. Zwei der drei Söhne Brandenburgs, der 1963 starb, sind noch heute in der Firma tätig, die inzwischen zu einem Konzern gehört. Das bedeutendste Wirtschaftsunternehmen Timmendorfs, inzwischen mit einem riesigen Wurst- und Feinkost-Sortiment, erwirtschaftet mit 250 Mitarbeitern Umsätze von weit über 50 Millionen Euro. Ob ein solches Unternehmen hier heute noch eine Chance hätte?

Letzte Meerwasser-Tankstelle vor der Ostsee: die Trinkkurhalle aus dem Jahr 1952 ...

die Flüchtlinge halbwegs untergebracht sind, geht es wieder ziemlich steil bergauf. Das deutsche Wirtschaftswunder setzt ein, ein zehnjähriger Urlaubsrückstau ist aufzuholen - und die (allerdings halbzerstörte) Zweimillionenstadt Hamburg liegt nah.

Ostseeheilbad im Wirtschaftswunder

Der Fremdenverkehr kommt allmählich in Gang. Der Sommerstrand ist wieder voller Strandkörbe und -burgen, und mit dem beginnenden Wirtschaftswunder nimmt das Bad einen erst noch zaghaften, bald jedoch beispiellosen Aufschwung. Hotels, Pensionen und Kureinrichtungen werden herausgeputzt. Manches Zimmer erhält nun auch "Fließend kalt und warm Wasser" oder sogar eine Zentralheizung.

1951 wird Timmendorfer Strand das Prädikat "Ostseeheilbad" verliehen, nachdem die dafür erforderlichen Voraussetzungen nachgewiesen worden waren - ein wichtiger Baustein für die Zukunft. Eine ebenfalls zukunftsträchtige private Neuerung in diesem selben Jahr 1951: der erste Minigolfplatz. Den hat ein findiger Einwohner aus Schweden "importiert" (und der Platz feierte im Jahr 2001 sein 50jähriges Jubiläum).

Von ungleich größerer und ebenfalls bleibender Bedeutung: die neue Meerwasser-Trinkkurhalle von 1952.

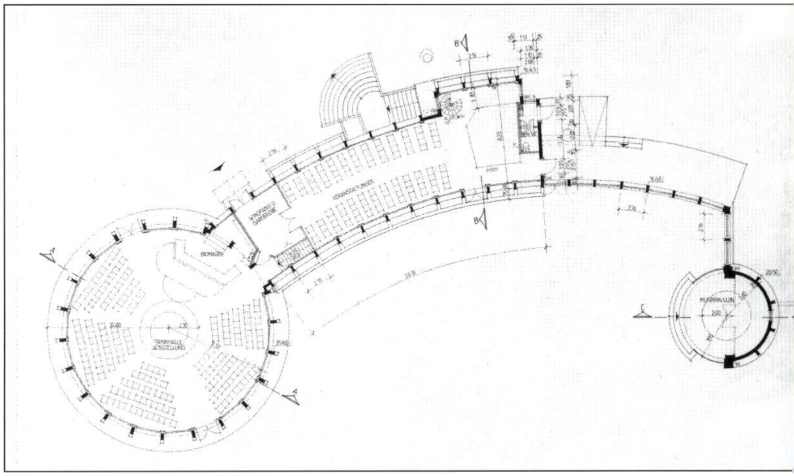

... mit ihrem ungewöhnlichen Grundriss.

Damals ein Symbol für die Kur-Ambitionen des Ortes, gilt sie heute - nach aufwendiger Restaurierung - als eine der Ikonen der deutschen Bäderarchitektur jener Zeit. Der Lübecker Architekt Vossgrag hat einen filigranen, bestechend gegliederten flachen Pavillon ohne rechte Winkel gebaut, dessen sämtliche Wände in schmale Pfeiler und große Glasflächen aufgelöst sind. Mit seiner zentralen Rotunde steht der zeitlos moderne Bau heute unter Denkmalschutz und ist in den Mittelpunkt des ganzjährigen Kulturlebens von Timmendorfer Strand gerückt. Damals wurde hier eine Meerwasser-Trinkkur verabreicht, nachdem das (filtrierte und entkeimte) Ostseewasser als heilsam für fast alles befunden worden war: ein Schritt in Richtung Saisonverlängerung.

Das aufstrebende Seebad findet Anklang. Timmendorfer Strand bekommt den Ruf eines eleganten, vornehmen Badeortes. Vor allem in Hamburg spricht sich das herum. Erste Ansätze von Nachtleben entwickeln sich wieder. Und der Autotourismus beginnt seinen unglaublichen Aufstieg. Ein Timmendorfer Sommerwochenende in den Fünfzigern dürfte in vielem schon einem der Gegenwart geähnelt haben - mit gewissen Unterschieden, versteht sich, bei der Mode und den Automodellen. Der Bau einer Entlastungsstraße ab Lübeck wird begonnen, um die Strandorte vom Durchgangsverkehr freizuhalten; auch hier also waltet weise Voraussicht.

Und Niendorf will nicht nachstehen

Niendorf ist inzwischen längst von dem stark gewachsenen Timmendorf überholt worden. Dennoch: es hat die ältere Tradition, eine geschlossenere Ortslage, ist bodenständiger in seiner Art. In diesen ersten Jahren nach dem Inferno des Krieges strebt Niendorf aber nun genauso wieder nach oben. Da es von Anfang an nicht so einseitig auf Fremdenverkehr ausgelegt war, hat es den Krieg sogar besser überstanden als Timmendorf. (Ein Kuriosum am Rande: Bis 1950 besitzt Niendorf sogar eine Zigarettenfabrik namens "Derwisch", die ein türkischer Fabrikant hier 1943 in einem Hotel eingerichtet hatte, nachdem seine Fabrik in Hamburg ausgebombt worden war.)

Trotz der "Eingemeindung" entwickelt sich der Ortsteil weitgehend selbständig weiter - woran sich übrigens bis heute wenig geändert hat: Zunächst werden Wohnungen für Flüchtlinge errichtet, später (1954) die so genannte Fischersiedlung für heimatlos gewordene Fischerfamilien aus dem Osten. Schon 1949 baut man

Patenschaften und Seepferdchen

Nicht nur die wieder erwachenden Ambitionen zeichnen Timmendorfer Strand in dieser Zeit des Wirtschaftswunders aus. Es wird auch der im Osten verlorenen Gebiete gedacht. Das 1951 entstandene "Ostdeutsche Ehrenmal" tröstet damals sicher die Vertriebenen, heutzutage entbehrt es allerdings wohl der politischen Korrektheit. Patenschaften, die noch heute aktiv sind, wurden 1956 für das Ostseebad Misdroy - jetzt Miedzyzdroje - auf der Insel Wollin (mit Gedenkstein "Misdroyer Blick" an der Strandpromenade) und 1957 für das hinterpommersche Städtchen Ratzebuhr - jetzt Dkonek - (siehe Ratzebuhrer Allee) übernommen.

Am Leben erhalten wurde aber auch die Verbindung mit der vormaligen deutschen Hauptstadt Berlin. Nicht ganz ohne Eigeninteresse, denn ein Viertel aller Badegäste kamen zu dieser Zeit von dort. So wurde auf der Promenade ein "Meilenstein" mit dem Berliner Bär und der Entfernungsangabe "336 km" aufgestellt. Und 1956 ließ sich der Kurdirektor eine Aktion Seepferdchen einfallen: zehn Seepferdchen-Figuren wurden im Berliner Strandbad Wannsee im Sand verbuddelt, und die zehn Berliner Kinder, die sie fanden, kriegten eine Woche Ferien in Timmendorf spendiert. Eine äußerst werbewirksame Aktion, die Timmendorf und sein Signet in diesem wichtigen Einzugsgebiet populär macht.

neben dem Fischereihafen einen Yachthafen - auch dies ein kleines Beispiel vorausschauender "Strukturpolitik". Im Jahr 1953 legt sich Niendorf - durch einen Umbau seines Musik-Pavillons von 1914 - ebenfalls eine Meerwasser-Trinkkurhalle zu (der markante Bau mit seinem charakteristischen Kuppeldach, der zu einem Wahrzeichen geworden war, steht heute leider nicht mehr; er musste 1967 dem kubisch-unauffälligen "Haus des Kurgastes" weichen). 1954 wird auch Niendorf zum Ostseeheilbad gekürt und zieht damit insoweit wieder mit dem größeren Nachbarn gleich.

Weiter erschlossen, mit Wanderwegen und Brücken, wird das reizvolle Hinterland zum Hemmelsdorfer See - trotz dieser Erschließung noch heute ein recht einsames, naturnahes Gelände, das eine Vorstellung von der früheren Ursprünglichkeit vermittelt. Kein ortsplanerisches Ruhmesblatt wird schließlich in jener Zeit der Bau der vielstöckigen Apartmentanlage „Carpe diem“ mit mehreren Blocks an der Strandstraße (wenngleich nicht am Strand). Immerhin hat die Anlage ein damals höchst fortschrittliches Hallenbad auf dem Dach.

Ein kulturelles Ereignis wirft ein kleines Schlaglicht auf das Niendorf der Nachkriegszeit. Es tagt hier im Mai des Jahres 1952, man weiss nicht einmal mehr genau wo, der einflussreiche Literatenzirkel der "Gruppe 47". Die Tagung ist als eine "Wende in der jungen Nachkriegsliteratur" in die Annalen dieses Gremiums eingegangen; sie soll eine der qualitativ besten überhaupt gewesen sein. Zur damaligen kargen Wirklichkeit schreibt später der Kopf der Gruppe, Hans Werner Richter: "Wir waren noch sehr arm und weitgehend auf die Gastfreundschaft des Nordwestdeutschen Rundfunks (NWDR) angewiesen." Die Liste der Teilnehmerinnen und Teilnehmer liest sich noch heute wie ein Who´s who der modernen deutschen Literatur (Ilse Aichinger, Ingeborg Bachmann, Paul Celan, Karl Krolow, Siegfried Lenz), und gebadet haben sollen sie auch schon in der kalten See.

Schiffbau tat not: Die Evers-Werft

Bereits vor der Timmendorfer Wurstfabrik Brandenburg gab es auch in Niendorf ein großes Wirtschaftsunternehmen: die Evers-Werft. Gegründet schon im Jahr 1923, also unmittelbar nach dem Hafenbau, war ihr Schicksal noch stärker von den Zeitläuften bestimmt. Gründer Ernst Evers, Jahrgang 1903, (seine Hamburger Eltern waren aus gesundheitlichen Gründen an die See gezogen) begann auf 100 Quadratmetern Pachtgelände am Niendorfer Hafen, baute bald Kutter und Yachten und hatte 1937 bereits fast 3000 Quadratmeter in Pacht. Im Krieg musste er behelfsmäßig auf Rüstung umstellen und konnte dann 1943 sogar das Werftgelände kaufen.

Zwei englische Yachten waren die ersten Nachkriegsaufträge, und bald ging es wie überall steil bergauf. 80 bis 100 Mitarbeiter bauten in zwei großen Hallen erst Holz-, später auch Stahl- und Aluminiumschiffe verschiedenster Art. Einträglich eine Zeitlang dann auch die Sparte Reparatur von Bundesmarine-Schiffen - bis diese den Hafen wegen dessen Versandung nicht mehr anlaufen konnten. Notgedrungen musste der Betrieb für zehn Jahre verpachtet werden. 1983 gab es einen Neustart mit einem 70-Plätze-Sportboothafen und der Konzentration auf den Yachtservice. Ein unterhaltsames Zwischenspiel im August 1987: die Life-Radiosendung des 1940.(!) Hamburger Hafenkonzerts aus der vollbesetzten Werfthalle. - Als der Gründer dann 1992 starb, hatte der Familienbetrieb wieder sicheren Boden unter den Füßen. Zusammen mit einer Segelschule und anderen kleinen Betrieben sind heute wieder etwa 30 Leute auf dem Werftgelände beschäftigt.

Ein Macher geht ans Werk

Bis hierhin scheint eigentlich alles in Ordnung in der aufstrebenden Bädergemeinde, die nun ja erst etwa zwanzig Jahre zählt. Doch die Gästezahlen stagnieren: in den 60er Jahren pendeln sie um 50000 pro Jahr, Niendorf eingeschlossen. 1959 bekommt Timmendorfer Strand einen neuen Bürgermeister, Karl-Heinz Langreen, der die Geschicke des Bades über ein Vierteljahrhundert lenken soll. Eine starke Persönlichkeit, wie dem Verstorbenen noch heute allenthalben nachgerühmt wird: standfest, durchsetzungsfähig, auch ein wenig autoritär soll er gewesen sein. Und er hatte beste Kontakte - bis in das Büro des Ministerpräsidenten in Kiel. Gute Mitarbeiter soll er auch gehabt haben. Sie wollen und werden das Bad voranbringen.

Auf dem Sprung nach vorn

Bereits kurz nachdem 1955 in den beiden Trinkkurhallen einige seltsame Holzkästen mit Mattscheibe auch hier an der Ostsee den Beginn des Fernsehzeitalters markierten, beginnen Diskussionen und Planungen für ein Kurmittelzentrum. Die kurze Sommersaison, das ist allen klar, soll verlängert werden. Zu der gründlichen Vorbereitung auf dieses Großprojekt gehört es vor allem, Wohlwollen und Unterstützung des Landes Schleswig-Holstein zu gewinnen. Das gelingt - nicht zum letzten Mal übrigens. So entsteht 1960/61 innerhalb von gut neun Monaten unmittelbar neben der Trinkkurhalle, in schönster Dünen- und Aussichtslage, ein hochmodernes Kurhaus mit Meerwasserschwimmbad und Therapieräumen. Es ist das erste an der ganzen Lübecker Bucht. Etwas später eröffnet in dem Komplex dann noch ein Meeresaquarium (allein hieran erinnert die heutige Situation noch.)

Die bereits bis Niendorf reichende Umgehungsstraße ist inzwischen als "Bäderrandstraße" an Timmendorfer Strand vorbei bis zum Ortseingang Scharbeutz weitergebaut worden. Sie bildet einen Teil der Deutschen Ferienstraße Alpen-Ostsee. Leider durchschneidet die Strecke das kostbare Waldgebiet des Wohld mit einer 36 Meter breiten Schneise, was auch durch aufwendige Brücken und Talquerungen nicht wieder gutgemacht werden kann. Ob diese Straßenführung heute noch ohne weiteres möglich wäre? Der Timmendorfer Ortsmitte aber eröffnet sie schon früh die Chance eines verkehrsfreien Kurzentrums. Sie wird 1962 genutzt, indem die Strandallee für ein paar hundert Meter umgeleitet und ihre alte Trasse zwischen Timmendorfer Platz und Kurpark zu einer klug geplanten, breiten Kurpromenade umfunktioniert wird. Den früheren Verlauf kann man noch heute sehr gut vom Timmendorfer Platz aus erkennen. Das Kurviertel ist nun - vorerst - komplett. Und schon im Jahr 1964 kann man konstatieren, dass sich die Saison um einen Monat verlängert habe. Für eine permanente Saison sorgt im Übrigen schon früh das Curschmann-Institut der Uni Hamburg, das sich aus einer Forschungseinrichtung zu einer Spezialklinik und heute zu einem großen Rehabilitationszentrum entwickelt hat.

Gleich 100 000 Besucher im Jahr: Das erste Kurmittelhaus.

Hoch hinaus

Langreen und seine Mitstreiter wollen nicht so viele Zweitwohnungen, die ja meistens leer stehen. In einigen Nachbargemeinden setzt man auf dieses Pferd. Timmendorf dagegen möchte lieber ein Großhotel mit entsprechenden Tagungseinrichtungen. Grund und Boden in bester Lage wäre vorhanden, und ein Interessent ist bald auf dem Plan.

So kommt es 1969, auf dem Platz der abrissreifen alten Strandhalle, zur Grundsteinlegung für das Jungfern-Haus einer heute bedeutenden Hotelkette. Es ist das 11-stöckige Maritim Hotel & Kongreßzentrum mit 500 Betten, Seewasser-Hallen- und -Freibad sowie einem Kongresshaus samt großem Saal und Bühne; Simultanübersetzungsanlage, Vollklimatisierung und Tiefgarage gehören dazu. (Bald wird es - zur Unterscheidung - „Seehotel“ heißen). Im schnörkellosen Stil der Zeit entworfen, ist hier ein Haus der damaligen internationalen Spitzenklasse entstanden. Das ist ein Quantensprung für Timmendorf, und entsprechend euphorisch ist man bei der Eröffnung.

Originalton Bürgermeister

Aus dem Grußwort Bürgermeister Langreens sprechen Stolz und Optimismus: " ... Das Hotel & Kongresszentrum Maritim, das zu einem nicht geringen Teil der Initiative der Gemeinde Timmendorf zu verdanken ist, öffnet seine Tore. Öffnet sie für alle guten alten Freunde der Ostsee. Öffnet sie für alle neuen Gäste, denen erst das Maritim Lust zum Ostsee-Urlaub macht. Ich bin sicher, dass durch das neue Maritim unsere schöne deutsche Ostsee noch ein ganzes Stück schöner geworden ist. Wenn zur prachtvollen Natur anspruchsvolle Hotellerie und genussvolle Gastronomie kommt, ist der Urlaub perfekt ..."

Timmendorf wächst in eine neue Dimension.

Richtfest für das erste Maritim-Hotel.

Die Verwandlung des „Seeschlösschen“: Oben das Café um 1920, in der Mitte das erste Hotel in den 1950er Jahren, unten der Neubau von 1973.

Das Ostseeheilbad Timmendorfer Strand gehört nun mit einem Schlag zur Kongress-Elite der deutschen Bäder. Eine völlig neue Klientel wird erschlossen. Es gibt Tagungen, Bälle, Shows, Konzerte - und Publizität. Die Gästezahlen steigen wieder in steiler Kurve. Die Strandsilhouette des Badeortes hat freilich durch das moderne Hochhaus direkt an der Promenade ein anderes Aussehen bekommen. Und konservative Liebhaber der ehemals beschaulichen Küstenlandschaft müssen bald weiteres Ungemach hinnehmen.

Schon 1973 entsteht nämlich, nur ein paar hundert Meter entfernt, ein dem Maritim ähnlicher, ebenfalls 11-stöckiger Hotelblock. Es wird gebaut von der Hotelierfamilie von Oven, nachdem ihr Hotel "Seeschlösschen" einem Großbrand zum Opfer gefallen war. Auch das neue, nun in die Höhe gegangene Haus gehört nach seinen Einrichtungen zur Luxusklasse. Doch die Beibehaltung des Taufnamens löst bis heute Irritation aus; die Bäderarchitektur des Vorgängerbaues, eines traditionellen zweistöckigen Strandhotels, hatte das gerade noch gerechtfertigt. (Heute, wo die Erinnerung an das alte Haus - und dessen eigentlich namengebenden Vorgänger, das "Café Seeschlösschen" - fast erloschen ist, bezieht sich dieser Name wohl hauptsächlich auf die inneren Werte des Hotels: Es ist seit kurzem das erste Fünf-Sterne-Hotel an der schleswig-holsteinischen Ostseeküste).

Den Gipfel, zugleich aber auch den bisherigen Schlusspunkt des Höhenrauschs markierte bald darauf Maritim mit seinem monumentalen 31-stöckigen "Golf- und Sporthotel". Ein weiterer enormer Zuwachs für Kapazität und Niveau der Timmendorfer Hotellandschaft - aber die übrige Landschaft? Zumindest ist sie von dort oben gut zu überblicken. - Das Großetablissement mit seinen 253 Zimmern (die oberen Etagen werden als Eigentumswohnungen verkauft) serviert neben dem nun schon üblich gewordenen Bad-Komfort ausgesprochen sportliche Beigaben: neben Tennisplätzen

Gegensätze: Die 31 Stockwerke des Maritim „Golf- und Sporthotel". Davor die Häuschen der DLRG.

und -halle auch Kegel- und Bowlingbahnen sowie eine Sport-Schießanlage. Und es bringt eine besonders zukunftsträchtige Mitgift in seine Timmendorfer Ehe ein: einen Golfclub, der mit gleich zwei Platzanlagen im nahegelegenen Oeverdiek-Gelände entsteht. Sowie natürlich das entsprechende zahlungskräftige neue Publikum, das diesen damals noch äußerst exklusiven Sport betreibt. Auch hier also gelingt es den tüchtigen Leuten in Timmendorfer Strand, einen erst viel später einsetzenden Trend früh zu erkennen und zu nutzen.

Alles eine Sache der Gewohnheit

Die Silhouette der Timmendorfer Badebucht ist bis zur Gegenwart so geblieben, wie sie damals entstanden ist. Die drei etwas beziehungslosen Betonkuben prägen das Bild - jedenfalls aus der Ferne. Aber nach nunmehr etwa 30 Jahren scheinen sie trotzdem irgendwie integriert zu sein, und das alles überragende Golf- und Sporthotel ist geradezu ein (das?) Wahrzeichen Timmendorfs geworden. Man hat sich offenbar an die Bauten gewöhnt, sich mit ihnen arrangiert. Einmal ganz abgesehen davon, dass die komfortablen Domizile schließlich wichtige Stützen der Timmendorfer Gäste-, Steuer- und Arbeitsplätzestatistik darstellen.

In Bodennähe

Buchstäblich am Boden bleibt eine Innovation, zu der ein geographiebeflissener Bürger beigetragen hat. Er stellt fest, dass mitten durch Timmendorfs Zentrum exakt der 54. Grad nördlicher Breite führt. Zufälligerweise auch noch über die damals schon verkehrsfreie Kurpromenade, so dass dort - im Jahr 1971 - eine entsprechend beschriftete Intarsie in das Straßenpflaster eingelassen wird. Ein Blick auf den Globus gibt die Auskunft, dass man sich auf einer Höhe mit Moskau, den Aleuten und Labrador befindet. Sogleich wächst beim Betrachter die Dankbarkeit für jeden wärmenden Sonnenstrahl.

Der Blick von den Hochhäusern zeigt nach wie vor die schöne blaue Badebucht.

Nicht geographisch, sondern durch den Ortsverkehr bedingt ist eine "Magistrale", die sich durch den ganzen langen Ort zieht: die Strandallee (in Niendorf Strandstraße benannt). Ihre Ursprünge hat sie in staubigen Feldwegen des 19. Jahrhunderts. Die heutige Durchgangsstraße (mit 30 km/h-Begrenzung) liegt immer hinter der ersten Strandhäuserreihe. Sie wird im Zentrum Timmendorfs für ein kurzes Stück landeinwärts verschwenkt, um der Kurpromenade Platz zu machen, und nur ein einziges Mal berührt sie wirklich den Strand, der ihr den Namen gibt: ganz am äußersten Ende Niendorfs, kurz vor dem dortigen Hallenbad.

Niendorf hält Anschluss

Den Niendorfern bleiben eigene Hochhäuser erspart (außer den Timmendorfer Bauten sehen sie allerdings inzwischen auch die oberen Stockwerke des Travemünder "Maritim" über das Brodtener Ufer ragen). Bei anderen wichtigen Einrichtungen halten sie dagegen mit, so gut es geht.

1963 schon wird ein neues Kurbad aufgemacht, Nachfolger des nicht mehr ganz zeitgemäßen "Warmbades". Bäder, Massagen und Kneipp-Anwendungen werden hier verabreicht. 1973 wird am Rande des Landschaftsschutzgebietes am Hemmelsdorfer See der Vogelpark Niendorf eröffnet. Er ist privat betrieben und wird zu einer der beliebtesten Sehenswürdigkeiten der Gemeinde werden.

Die Bettenkapazitäten werden behutsam ausgebaut, der Hafen für die Segler erweitert. Viel Geld wird nach wie vor für den Schutz des Strandes ausgegeben. An der Seeseite mit ihren schönen alten Bauten wird kaum architektonisches Unheil angerichtet - sie hat deshalb noch immer stellenweise das heute so erwünschte Flair vergangener Zeiten. Einen Rückschlag gibt es im Jahre 1974, als die Deutsche Bundesbahn bei einer frühen Rationalisierungswelle den Bahnverkehr von Travemünde nach Niendorf einstellt. Dafür weiht die Großgemeinde in dem gleichen Jahr ihre damals modernste Schule ein, die Grundschule Niendorf, in besonders schöner "grüner" Lage.

Und schließlich wird - mit allerdings mehrjährigem Rückstand gegenüber dem Nachbarn - 1974/75 endlich ein eigenes, noch dazu ausgesprochen sportliches Meerwasser-Hallenschwimmbad gebaut. Direkt am Strand, mit wettbewerbsgerechten 25-Meter-Bahnen, und mit einer jener Cafeterias, wie sie jetzt modern werden. Die Folge der Verspätung: Im Gegensatz zum Timmendorfer Hallenbad steht das Niendorfer heute noch. Bis zum Silber-Jubiläum im Jahr 2000 zählte das Bad schon fast 1,5 Millionen Besucher.

Die Kirchen wachsen mit

Die geistliche Entwicklung in beiden Ortsteilen sollte mit der übrigen Schritt halten. Aus der evangelischen Timmendorfer "Kapellengemeinde" mit der Waldkapelle war schon 1946 - bei damals vorübergehend rund 8000 Gemeindemitgliedern - eine selbständige Kirchengemeinde geworden. In den Jahren 1961 bis 1963 wird - näher beim Ortszentrum - die heutige Waldkirche gebaut. Kollekten, Spenden und Stiftungen sorgten für den zeitgemäßen Neubau mit seinem 23 Meter hohen Turm und die Innenausstattung. (Die Waldkapelle, jetzt über 75 Jahre alt, soll neuerdings wieder aus ihrem Schattendasein geweckt werden.)

Nur wenig später als Timmendorf gelingt dem Ortsteil Niendorf ein Erweiterungsbau seiner evangelischen Kirche. St. Petri wird 1963/64 praktisch neu gebaut. Das Gotteshaus war, vor allem im Sommer, zu klein geworden. Vorbedingung für den Neubau war, den Charakter einer "Fischerkirche" zu bewahren. Der nun aber erheblich größer gewordene Baukörper erforderte zur Wahrung der Proportionen einen um drei Meter erhöhten Turm.

Der erste Rückblick

Die fünfziger und sechziger Jahre des vorigen Jahrhunderts erscheinen heute denen, die sie (noch oder schon) erlebt haben, in einem verklärten Licht. Jahre mit einem steilen Anstieg des Lebensstandards, ja des gesamten Lebensgefühls - ein Aufschwung von einer ebenso bescheidenen wie paritätischen Ausgangssituation. Von sympathischer Anspruchslosigkeit demgemäß die zuerst noch zaghaften Versuche, sich etwas zu gönnen, passende Vergnügungen zu finden und wieder einen gewissen Lebensstil nach dem totalen Zusammenbruch zu entwickeln. Ein Seebad, noch dazu eines mit einem gewissen Ehrgeiz, eignete sich dafür natürlich besonders gut.

Manche der damaligen Hauptsaison-Ereignisse kennen die Jüngeren heute kaum noch dem Namen nach: Preisskat und Preiskegeln, Bockbierfeste, Strandburgenwettbewerbe, Minigolfturniere, Miss-Wahlen, Kurkonzerte, Tanztees, Preistanzen, Ball Paradox, Quiz, Schlager-Cocktails, Bunte Abende, JE-KA-MI (Jeder kann mitmachen) und ab und zu ein "Gesellschaftsabend" der Kurverwaltung.

Zentralfigur war fast immer ein Conférencier, und bei den bedeutenderen Angelegenheiten gehörte ein Schauorchester dazu. Allein vier große "Kursäle" standen Ende der fünfziger Jahre zur Verfügung: in Timmendorf die Strandhalle und das Kurhotel Seeschlösschen, in Niendorf Johannsens Hotel und Café Keese (mit seinem legendären Ball Paradox). Und für intimere Gelegenheiten gab es Bars und Night-Clubs, ja sogar ein Nacht-Kabarett.

Die Stars der Zeit? Für Nostalgiker einige von ihnen - wahllos: Marika Rökk, Conny Froboess, Mona Baptiste, Friedel Hensch und die Cypries, die drei Peheiros, Ralf Bendix, Bully Buhlan, Vico Torriani, Hans-Joachim Kulenkampff, Heinz Erhardt, Roberto Blanco (ja, schon damals!), René Carol, Richard Germer, Bernhard Jakschtat ... sie und viele, viele andere traten jede Saison in Timmendorfer Strand und in Niendorf - und natürlich an der ganzen Küste - auf, oft an mehreren Abenden, meist vor ausverkauften Häusern. Sehr deutsch alles, recht provinziell - höchstens ein bisschen Exotik durfte sein. Erst später bringen die Maritim-Hotels mit Showbands wie der des US-Startrompeters Ray Anthony internationales Flair in den Ort.

Zur Massenunterhaltung stand das Kino zur Verfügung - das "Kapitol" am Timmendorfer Platz. Fernsehen fand noch weitgehend öffentlich (in den Trinkkurhallen oder in Gaststätten) statt, denn es gab erst wenige private, geschweige denn Fernsehgeräte in jedem Hotel- und Pensionszimmer. Dafür kommt der "Selbstwählferndienst" auf. Vor den entsprechend ausgerüsteten Telefonzellen stehen abends oft wartende Urlauber, die mit neuester Technik telefonieren wollen.

Auch zeigen sich deutliche Ansätze von Mode- und Körperbewusstsein. Der Bikini ist längst erfunden und hat sich auch hier durchgesetzt. Zum Baden wird allerdings noch der einteilige Badeanzug empfohlen, für die Promenade darüber hinaus eine Tunika oder ein "Ensemble".

Die Herren beginnen an Managerkrankheit zu leiden. Hier ist eine Ostseekur natürlich genau die richtige Indikation. Auch zum Gang in die Sauna kann nur geraten werden: Direkt am Hauptstrand steht damals die "schönste Sauna Deutschlands" (von der heute nur noch die kleine Straße Saunaring zeugt). Generelle Empfehlung: "Konsultation eines Badearztes!"

Infrastruktur für die Zukunft

In dieser Zeit werden noch einige weitere Grundlagen für das Heute gelegt. Durch die Bäderrandstraße hat sich die Verkehrssituation stark verbessert. Der Durchgangsverkehr ist eliminiert. Leider weiß die Gemeinde aber bald nicht mehr, wohin mit den parkenden Autos der eigenen Gäste. Man entschließt sich, frühzeitig auch hier, Großparkplätze einzurichten. Drei an der Zahl, die noch heute ausreichen müssen; zwei weitere in Niendorf kommen hinzu. Noch wichtiger aber ist ein Entschluss, der ebenfalls seit damals gilt, nämlich keine Parkgebühren zu erheben. So vermeidet man den lästigen Verwaltungsaufwand dafür - und erwirbt sich den Ruf einer autofreundlichen Gemeinde. Denn es gibt gebührenfreien Parkraum für etwa 2000 Fahrzeuge, der durch ein übersichtliches Parkleitsystem erschlossen wird. Alle fünf Plätze liegen günstig, mit kurzen Fußwegen bis zum Badestrand oder zur Kurpromenade. Dass dies ein ziemlich einzigartiges Privileg an unseren überfüllten Küsten darstellt, haben die meisten Gäste aber schon wieder vergessen, wenn sie in ihrer Unterkunft oder am Strand Kurtaxe entrichten sollen.

Ein Zweckverband macht Sinn

Verkehr und Parken sind wichtig. Lebenswichtig aber - und dennoch weitgehend im Verborgenen - die Versorgung mit Wasser und Energie und die Entsorgung von Müll und Abwässern. Bereits seit den 1920er Jahren gab es einen genossenschaftlichen Zweckverband der (damals noch oldenburgischen) Ostseebäder Niendorf, Timmendorfer Strand, Scharbeutz und Haffkrug. Er kümmerte sich vor allem um die Gas- und Wasserversorgung und betrieb Kläranlagen. Nach dem Krieg waren dann - auch wegen der stark gestiegenen Einwohnerzahl - neue Einrichtungen fällig. Eine Müllabfuhr wurde aufgebaut, ein neues Zentralklärwerk in Timmendorf errichtet, das Wasserwerk erweitert. Nachdem in der Folgezeit viele weitere Gemeinden beigetreten waren, bringt das Jahr 1964 die heutige Namensgebung "Zweckverband Ostholstein". Timmendorfer Strand bleibt der Firmensitz des Versorgungsunternehmens, neben der Firma Brandenburg das einzige Timmendorfer Unternehmen von mehr als lokaler Bedeutung. Das schlichte moderne Verwaltungsgebäude des ZVO an der Strandallee wird jeder Kurgast schon einmal gesehen haben. Das Verbandsgebiet geht bis hinauf nach Fehmarn; über zwanzig Kreise und Gemeinden sind Mitglieder. Neuerdings ist eine Privatisierung im Gespräch.

Zentren für’s Lernen

Das Schul- und Bildungswesen einer Gemeinde ist vielleicht der wichtigste Teil ihrer Infrastruktur. Auch auf diesem Gebiet hat sich das Ostseeheilbad seit seinen frühen Jahren angemessen eingerichtet, wobei der Bedarf der Nachbargemeinden mit abgedeckt wird:

- Anfang der 1950er Jahre war eine zentrale Volksschule an der Timmendorfer Poststraße entstanden, die nach mehrfacher Erweiterung heute als Grund- und Hauptschule fungiert.
- Gleich nebenan befindet sich seit 1964 eine große Realschule ("Europaschule").
- Die Niendorfer Volksschule aus dem Jahr 1974 hat eine besonders schöne Lage bei dem kleinen Kurpark.
- Krönung des örtlichen Schulwesens ist das - allerdings vom Kreis getragene - Ostseegymnasium Timmendorfer Strand. Es besteht seit 1946 und ist seit 1964 in neuen, später erweiterten Zweckbauten zwischen den Wohld- und Kammer-Waldungen beheimatet. Das große Gymnasium versteht sich heute schon als Traditionsinstitut - was aber eine eigene Internet-Homepage keineswegs ausschließt.
- Unweit davon unterhält die Evangelische Kirche das Bugenhagen-Berufsbildungswerk, das im Jahr 2001 sein 25-jähriges Bestehen feierte. Dessen eindrucksvoll symmetrische Hauptgebäude an der Strandallee stammen schon aus den Jahren 1950/51.

Treffpunkt der Eissportfreunde: Das Eissport- und Tenniscentrum ETC.

• Und ganz am anderen Ortsende, in Niendorf, nahe dem Hafen, steht der große Backsteinbau einer Verwaltungsschule der Bundesanstalt für Arbeit.

Ostsee-Gymnasium Timmendorf: Treffpunkt der Lernwilligen.

Das Eissport- und Tenniscentrum

Eine der immerwährenden Aufgaben von Gemeinde- und Kurverwaltung eines Seebadeortes lautet: Ganzjahressaison. Großhotels, Hallenbad, Kongresshaus und Kureinrichtungen haben nun schon für bessere Auslastung gesorgt - gut ist sie im Winter aber immer noch nicht. So konzipiert Timmendorfer Strand zusammen mit Experten ein großes Eissport- und Tenniszentrum (ETC). Wahrhaft innovativ - und ohne Konkurrenz weit und breit - ist die wettkampfgerechte Eisfläche mit Zuschauertribünen. Daneben gehören fünf Hallen- und zwölf Freitennisplätze sowie drei Squashboxen mit zu der Anlage. Tennis rangiert damals in Deutschland ganz oben, und Squash ist gerade dabei, der erste richtige Trendsport der jüngeren Generation zu werden. Und in der übrigen Zeit des Jahres steht dann eine Halle für Großveranstaltungen einschließlich der erforderlichen Technik zur Verfügung. Dieses Millionenprojekt wird 1984 eröffnet. Der damalige Optimismus ist heute allerdings verflogen - die Halle kostet die Gemeinde zu viel Geld.

Dem Macher folgt der Sanierer

Timmendorfer Strand ist nun zum Kongress- und Seebadeort von nationaler Bedeutung geworden. Vieles ist schon geschafft, manches auf den Weg gebracht. Das Ostseebad hat einen erstklassigen Ruf. Die Zahl der Gäste hat sich vervielfacht. Gegen Ende der über 25-jährigen Amtszeit von Bürgermeister Langreen aber kommt es in der Gemeinde zu politischen und persönlichen Zerwürfnissen. Schlimmer noch: Man gerät in eine finanzielle Schieflage, die schließlich sogar die Kommunalaufsicht auf den Plan ruft.

Am 1. März 1986 übernimmt ein neuer Bürgermeister, Gerhard Fandrey, das Amt (auch er für lange Jahre - bis 2000). Er kommt aus Preetz und hat vom ersten Tage an eine Menge Probleme auf dem Tisch. Die Gemeindevertretung ist politisch zerstritten, die Finanzlage mehr als prekär. Teure Projekte wie das Seewasser-Hallenbad hatten sich zu Verlustquellen entwickelt; hohe Summen an Zweitwohnungsteuer mussten auf Grund eines Urteils zurückerstattet werden. Sanierung tat not. Der Verwaltungschef begann eine Gratwanderung zwischen eisernem Sparen und wohlkalkulierten Neuinvestitionen - am liebsten durch Private.

Großprojekte mit Augenmaß

Es ist Zeit, auf einen für Timmendorf bedeutenden Namen zurückzukommen. Schon seit 1962 ist das „Curschmann-Institut (der Universität Hamburg) für angewandte Meeresheilkunde und physikalische Therapie" in Timmendorfer Strand vertreten. Benannt nach dem Rostocker Arzt Professor Curschmann, befand es sich im damaligen Kurmittelhaus. Es hatte ein Behandlungskonzept für Herzinfarktpatienten entwickelt, das ein gezieltes Bewegungsprogramm mit der heilsamen Wirkung des Ostseeklimas verband. 1969 wurde dann an der Timmendorfer Strandallee die erste (gemeindeeigene) Curschmann-Klinik als Rehabilitationszentrum errichtet, und schon 1976 entstand dort ein moderner Erweiterungsbau (dieses Gebäude ist später zum jetzigen Rathaus umfunktioniert worden). Die Klinik platzte jedoch bald wieder aus allen Nähten. Und Timmendorfer Strand, bis hierhin Eigner des Sanatoriums, wollte es loswerden - outsourcen, wie es in der modernen Geschäftssprache heute heißt.

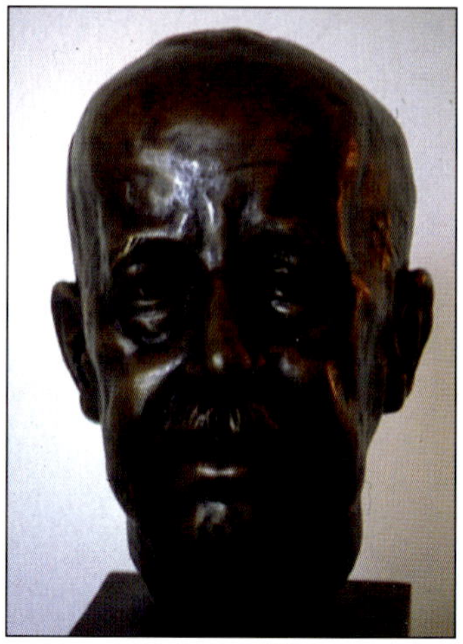

Die Curschmann-Büste.

1989 findet sich mit der Klinikgruppe Dr. Guth ein potenter Bewerber. Es kommt zu einem großzügigen Neubau: In unmittelbarer Strandlage, wo sich (am Saunaring) schon ein kleineres Klinikhaus befunden hatte, wird ein sechsstöckiges Rotklinkergebäude von beträchtlicher Größe hochgezogen. Die Bürger erschrecken ein bisschen, als der mächtige Rohbau steht. Etwa noch ein Hotel? Oder gar Apartments? Bei einem Tag der offenen Tür nach der Einweihung am 1. Juli 1989 wird dann gezeigt, was hier - mit insgesamt 35 Millionen Mark (18 Millionen Euro) Investitionssumme - geschaffen worden ist: eine 169-Betten-Klinik mit Hotelcharakter, ausgestattet mit modernsten Diagnose- und Therapie-Einrichtungen, Schwimmbad, Gymnastikhalle und Restauration - nicht zu vergessen die 150 Dauerarbeitsplätze. Und das alles absolut ganzjahreswirksam! Das Murren bei den Bürgern legte sich. Die Gemeinde hat diese renommierte Institution - eines ihrer Aushängeschilder - auf lange Dauer an sich gebunden.

Badehaus (Jahrgang 1991) mit Wachpersonal (Jahrgang 1925) im Kurpark.

Ein ganz neues Kurmittelhaus

Überhaupt ist in den achtziger Jahren das Gesundheitsbewusstsein der Deutschen schon weit entwickelt. Es stützt sich auf ein noch ungebremst gefördertes öffentliches "Gesundheitswesen". Heilbehandlungen, Offene Badekuren, Rehabilitationsmaßnahmen werden großzügig verordnet. Überall entstehen neue Einrichtungen, werden die alten modernisiert. Die verschiedenen Timmendorfer und Niendorfer Kurbäder scheinen nicht mehr ausreichend. Das einst so stolze Seewasserhallenbad am Hauptstrand muss sogar stillgelegt werden. Nach fast dreißig Jahren ist es nicht mehr zu retten, weder wirtschaftlich noch technisch. Es wird ein eigenständiges Kurmittelhaus geplant, jedoch ohne großes Hallenbad.

Mitten im Kurpark, auf einer leichten Anhöhe, baut der Timmendorfer Architekt Karl-Heinz Stolley hier 1991 für die Gemeinde einen achteckigen lichten Kur-Bungalow. Er kostet acht Millionen Mark (vier davon allein für Technik), von denen das Land Schleswig-Holstein gut die Hälfte trägt. Die Lage des Hauses könnte schöner kaum sein - schade nur, dass das Kurpublikum seinen kleinen Badetempel immer erst ein bisschen suchen muss. Das neue Haus ist anfangs ausgebucht, morgens bilden sich manchmal Schlangen. Ein weiterer Meilenstein der Saisonausweitung ist gesetzt, denn gekurt werden kann und soll das ganze Jahr. Schon bald legen sich allerdings die Schatten erster Kostendämpfungsmaßnahmen auf die ganze Branche.

Zuverlässig bewacht wird das Gebäude von einer sportlichen jungen Frau, ernst blickend, unbekleidet und zu Pferde: der "Amazone" von Zieseniß aus dem Jahre 1925. Das Bronzestandbild befindet sich seit 1935 im Kurpark Timmendorf. Im Krieg war es schon abmontiert und wäre beinahe der deutschen Rüstungswirtschaft zugeführt worden.

Mit einem Satz in die Tropen: Blick in die Ostsee-Therme.

Die Ostsee-Therme Scharbeutz.

Eingang zum „Sea Life“: Abenteuer unter Wasser.

Zentral am Rande: Die Ostsee-Therme

Mehr als ein Ersatz für das stillgelegte eigene Timmendorfer Hallenbad verspricht die Ostsee-Therme Scharbeutz zu werden, die sich 1992 der Öffentlichkeit präsentiert. Investor und Betreiber ist Heribert Stork, heute Inhaber einer Unternehmensgruppe mit mehreren solchen Bädern. Die Therme steht auf Scharbeutzer Gebiet, aber unmittelbar an der Ortsgrenze zu Timmendorf. Auf diesen Grenz-Standort hatten sich die beiden Nachbarbäder geeinigt (nachdem ursprünglich ein Gelände in Timmendorfer Strand ins Visier genommen worden war). So sind die beiden Orte hier gewissermaßen eine siamesische Verbindung eingegangen - auch wenn sie sonst recht wenig Zwillingshaftes an sich haben.

Und stolz können alle beide sein auf dieses jedenfalls seinerzeit "größte und schönste Freizeit- und Erlebnisbad Europas". Es bietet buchstäblich für jeden etwas und findet vom ersten Tag an großen Zuspruch. Einzugsgebiet wird der halbe Norden - nicht zuletzt deshalb, weil es von Anfang an ein professionelles Marketing gibt. Und die Therme ist eine Ganzjahresveranstaltung par excellence! Nur ein Thermalbad ist sie nicht, wie manche glauben mögen. Mangels heißer Quellen muss für die Erwärmung ihrer 1,4 Millionen Liter Wasser ein eigenes gasbetriebenes Blockheizkraftwerk vorgehalten werden (bei dem etwa ein Drittel der Heizleistung aus Wärmerückgewinnung stammt). Dahingestellt sei, ob solche Spaß- und Erlebnisbäder wirklich verhindern, dass die Jugend noch schwimmen lernt, wie die DLRG kürzlich unkte.

Sea Life statt Hallenbad

Erst im Jahr 1995 ist dann das Schicksal des in seiner schönen Dünenlage vor sich hindämmernden Seewasser-Hallenbades besiegelt. Die Abbrucharbeiter kommen. So lange war gebraucht worden, um ein tragfähiges Konzept für die neue Nutzung dieses Filetgrundstücks zu finden. Keine weiteren Verluste für die Gemeinde, hieß die Devise. Und auch hier gelang es, einen potenten Privatinvestor zu finden: Das Grundstück wird in Erbpacht einem englischen Unternehmen an Hand gegeben, das dort sein erstes deutsches "Sea Life Center" baut.

Oben auf der Düne entsteht ein - leider etwas aus dem dezenten Timmendorfer Rahmen fallendes - hangarähnliches Metall-Glas-Gebilde. Unterirdisch aber beherbergt der auffällig blau lackierte Komplex eine sensationelle Unterwasser- und Aquariumswelt, die sich bald als Attraktion sondergleichen herausstellen sollte. Ein Vorzug des futuristisch wirkenden Neubaus: Sein oberirdischer Teil, der nur den Eingangsbereich, einen Souvenirshop, ein Restaurant und das Büro der Verwaltung enthält, ist bedeutend kleiner geraten als das frühere Hallenbad. Düne und Freiraum konnten also teilweise zurückgewonnen werden - renaturiert, wie die Fachleute sagen. (Gleichzeitig wurden die umliegenden Wege neu gestaltet, eine neue Beleuchtung installiert, die Grünanlagen durchforstet und dem benachbarten Seebrückenvorplatz ein frisches Outfit verpasst.) Und nachdem sich auch der Besucherstrom als nicht so störend für den Kurbereich erwiesen hat wie ursprünglich befürchtet, sind heute eigentlich alle mit dem Sea Life glücklich. Es hat etliche Erfolgsjahre hinter sich.

Private und Preise ziehen mit

Neben den "öffentlichen" Großbauten sind in Timmendorf mittlerweile auch zahlreiche neue Hotels, Apartmentgebäude und Wohnhäuser von privater Hand gebaut, umgebaut oder erneuert worden. Es sind jedoch keine Kolossalbauten mehr entstanden, sondern Gebäude, die sich in das Ortsbild einfügen, es vielfach positiv prägen. Eine Ortssatzung "über die Sicherung der Zweckbestimmung für den Fremdenverkehr" erlaubt der Gemeinde steuernde Eingriffe im zentralen Kurgebiet. Das überaus erstaunliche Ergebnis: Bis heute gibt es in der "ersten Strandreihe" keine Kauf-Apartments. Es konnte verhindert werden, dass diese Top-Lage mit renditeträchtiger Blockbebauung, geschweige denn weiteren Hochhäusern verschandelt wurde. Der strandnahe Baumbestand blieb erhalten, die grüne Küstenlinie also bewahrt. Größere Objekte (Eigentumswohnungen, Sanatorien, Hotels, Sportanlagen, Schulen) wurden - mit Ausnahme der Curschmann-Klinik - an der Strandallee oder noch weiter hinten platziert, Privathäuser in Neben- und Stichstraßen. Außerdem achtete das Bauamt zunehmend auf bessere Architektur und Bauqualität ("Wertigkeit"); Extravaganzen wurden nur bis zu gewissen Grenzen erlaubt. Timmendorf insgesamt gewinnt dadurch an Urbanität, ohne seinen Kurortcharakter einzubüßen. Das Niveau steigt, freilich klettern auch die Quadratmeterpreise.

In Niendorf begeht man im Sommer 1985 ausgiebig die 600-Jahr-Feier. Segler, Marine, Feuerwehr und Kirche leisten die Hauptbeiträge, Höhepunkte sind das Hafenfest mit Feuerwerk und der große Festumzug. Sonst aber geht es hier immer eine Nummer bescheidener zu als in Timmendorf. Das tut dem Ortsteil manchmal gut. Doch die historisch gewachsene, relativ dichte Bebauung und die im Lauf der Jahre hinzukommenden Neu- und Umbauten unterschiedlichster Art und Qualität machen es schwer, baulich Linie und Struktur in den Ort zu bringen. Laufend behutsam ausgebaut wird Niendorfs besonderes Schmuckstück, der Hafen. Gänzlich unbefriedigend gelöst ist bislang noch die Verkehrsführung im Zentrum; hier ist Timmendorf durch sein verkehrsfreies Zentrum Jahrzehnte voraus.

Strandvillen zu Apartments

Ein prägnantes Beispiel dafür, wie traditionelle Timmendorfer Strandsommervillen ortsbildschonend zu rentablen Miet-Apartmenthäusern umgewandelt wurden, bietet das jetzige "Haus Niedersachsen" an der Strandallee. Die Inhaber von Meyer´s Gasthof und Ausspann(!) in Niendorf hatten das Haus 1927/28 für sich als Wohnhaus gebaut - mitsamt einigen "Sommerwohnungen" (in denen sich dann großbürgerliche Hamburger Familien für vier bis sechs Wochen einmieteten, oft mit Köchin und Kindermädchen - Sommerurlaub galt noch als Privileg Begüterter).

Als eines von fünf Kindern der Meyers wurde dort 1939 Karin Siegel, die heutige Eigentümerin des schönen Hauses, geboren - sozusagen in den Krieg hinein. Ein typisch deutsches Kriegsschicksal folgte: der Vater bis 1948 Soldat und Gefangener, die Mutter allein mit fünf Kindern, das Haus bis unters Dach voll mit Flüchtlingen.

Doch bald wurde schon wieder vermietet (im Sommer schliefen die Kinder dann auf dem Dachboden), und etwas später war bereits eine Hotelpension entstanden - mit "Gartengeschäft", einer Kaffeeterrasse an der Seeseite.

Doch die Sommervillen waren nicht für die Ewigkeit gebaut. Der Pensionsbetrieb musste eingestellt werden, und schweren Herzens wurde Karin Siegels Elternhaus, mit dem sie und ihre Geschwister so viele Erinnerungen verbanden, dem Bagger überantwortet - eine Restaurierung hätte nicht mehr gelohnt.

1999 entstand dann ein dem Vorgängerbau zwar äußerlich ähnelndes, innen aber erheblich geräumigeres neues Apartmenthaus. Das ging nicht ohne gewisse gestalterische Kunstgriffe. "Um jeden Zentimeter haben die Architektin und wir mit dem Bauamt gekämpft", sagt Frau Siegel heute. Angesichts des außen wie innen soliden Ergebnisses braucht sich keine der drei Parteien dieses Kampfes zu schämen.

Der zweite Rückblick

Das Streben nach Gesundheit scheint in der Rückschau ein Wesensmerkmal dieser Jahrzehnte gewesen zu sein. Auch so etwas manifestiert sich in einem Kurort am ehesten. Eine - zweifellos unvollständige - Aufzählung von einschlägigen Neuerungen zeigt das: Es gibt Diätvorträge und -beratung. Zur herkömmlichen Strandgymnastik kommen Atem- und Entspannungsübungen hinzu, Yoga wird angeboten, Aerobic taucht das erste Mal auf. "Leibesübungen" sterben aus, Waldlauf und Dauerlauf sind passee - jetzt beginnt die Ära des Jogging; Trimm Dich-Pfade und Fitness-Parcours werden gebaut, wie etwa beim Niendorfer Vogelpark.

Im ETC wird vollmundig eine "1. Europäische Tennis-Akademie" ins Leben gerufen. Squash wird zum Modesport, allerdings infolge seiner hohen Ansprüche an körperliche und geistige Beweglichkeit auf eine kleine Altersgruppe beschränkt. Das Bodybuilding kommt auf, daneben als dezentere Leibesübung das Stretching. Und wer es etwas vergeistigter haben will, ergibt sich der Transzendentalen Meditation.

Doch auch die Bequemeren kommen voran und die Genießer machen große Fortschritte. Verlangter und angebotener Komfort der Unterkünfte steigen rasant. Kaum ein Zimmer mehr ohne Nasszelle, das Doppelbett mit "Ritze" stirbt. Die Beherbergungsunternehmer müssen investieren, wenn sie nicht auf der Strecke bleiben wollen. Und Gourmets entdecken die Welt jenseits von Bockwurst und Sahnetorte. Feineres ist gefragt. Sekt fließt bereits reichlich, und auch Champagner darf es vereinzelt schon sein. Demgemäß richtet das Maritim Seehotel eine "Orangerie" als Feinschmeckerlokal ein (das seinen hohen Standard bis heute halten konnte). Aus Amerika kommt, wie so vieles, der Brunch und setzt sich durch: Das ist doch gerade für den Urlauber eine wunderbare Sonntagsbeschäftigung! Den gleichen transkontinentalen Ursprung hat die neue "Happy Hour". Die USA, man merkt es, sind ein begehrtes deutsches Touristenziel geworden.

Elitäre Ansätze (mit karitativem Aspekt) zeigen sich 1975 in der Gründung des Lions Clubs Lübecker Bucht; den Rotary-Club-Mitgliedern unter den Kurgästen wird zunächst nur ein "Tisch" in einem Hotel eingerichtet. Eher zu den Massenveranstaltungen zählen dagegen die Sonderzüge, die - wie früher schon einmal - an Sommersonntagen bis zu 1000 Menschen aus Hannover nach Timmendorf bringen.

Einem Niedergang sieht sich in dieser Zeit das Show-Gewerbe ausgesetzt. Das Fernsehen besorgt innerhalb weniger Jahre einen krassen Wandel. Die Kinos spüren es zuerst, aber auch die anderen schönen großen Säle in den Badeorten stehen immer öfter leer. Die Künstler tingeln kaum mehr über Land. Sie treten abends im Fernsehen auf, das seinerseits neue Stars und Shows hervorbringt. Die lassen sich dann auch mal in Timmendorf sehen. Dieter Thomas Heck zum Beispiel, oder Sendungen wie "Der blaue Bock" und "Die Haifischbar" gastieren hier. Und auch Roberto Blanco ist immer noch dabei. Sogar eine erste Talkshow taucht bereits "live" auf - mit Ilse Werner im "Seeschlösschen". Nur im großen Maritim „Golf- und Sporthotel" halten sich vorerst noch namhafte Orchester wie Hazy Osterwald und Hugo Strasser im Dauerengagement.

Von Kiel kommt viel

Die wesentlichen Löcher im Gemeindehaushalt sind nun gestopft. 1992 übernimmt Timmendorfer Strand vom Kreis Eutin nach jahrelangem Hickhack das so genannte Bädervermögen mitsamt dem Niendorfer Fischereihafen. Viel wird nochmals in die gemeindliche Infrastruktur investiert. Vor allem Schulen und Sporteinrichtungen werden großzügig ausgebaut. Die Feuerwehr wird mit hohem Aufwand modernisiert. Alle bedeutenderen Vorhaben werden mit dem Kreis und dem Land abgestimmt. Vieles wird von Kiel gefördert, nicht nur finanziell - sofern Perspektiven aufgezeigt werden. Dies tut die Gemeinde. Timmendorfer Strand stellt in der Landeshauptstadt ein umfassendes Entwicklungskonzept vor. Dort hat man nämlich inzwischen die eminente Bedeutung des Tourismus für das arme Flächenland Schleswig-Holstein erkannt. Und gemerkt, dass in Timmendorf gute Arbeit geleistet wird. Nicht zuletzt die Gästezahlen zeigen es. "Bürgermeister und Kurdirektor verstehen ihr Handwerk", wird anerkennend geäußert. Seinen touristischen "Vorzeigeort" nennt es der damals zuständige Kieler Minister Buß einmal.

Jahr 2000: Wende geschafft

So ist es auch nur folgerichtig, wenn 1997 Timmendorfer Strand erneut die Ehre zuteil wird, Ausrichter des Deutschen Bädertages zu sein. Ein repräsentatives Großereignis, das seine Organisatoren monatelang in Atem hält - und ein großer Erfolg wird. Kurz zuvor waren der Gemeinde nach umfangreichen Messungen noch einmal die hohen Qualifikationen eines Seeheilbades offiziell bestätigt worden.

Rundum-Erneuerung des Kurviertels

Schon 1995 war im Kurbereich die architektonisch wertvolle Timmendorfer Trinkkurhalle für 2,7 Millionen Mark gründlich saniert und winterfest gemacht worden. Eine weitere, von den Behörden des Landes Schleswig-Holstein umfassend geförderte Maßnahme ist nun die Neugestaltung der Kurpromenade. Hier schlägt das Herz des Ortes, hier ist sein Äquator. Nach gründlicher Planung - Landschaftsarchitekt Henning Klapper sollte hier sein Timmendorfer Meisterstück machen - wird Anfang 1999 vom damaligen Kieler Tourismusminister Buß der erste Spatenstich getan. Und schon am 11. Juni 1999, genau am 50. Jubiläumstag der ersten Deklaration zum Ostseeheilbad, wird die aufwändig geliftete Timmendorfer Promenade festlich eröffnet.

460 Meter ist sie nun lang, 9000 Quadratmeter wurden neu angelegt. An edlen Materialien wurde nicht gespart, sollte doch schließlich Timmendorfs Anspruch augenfällig werden. Klinker, brasilianischer Granit, Dolomit, Keramik und Bronze für insgesamt 3,5 Millionen DM wurden verbaut. Entstanden ist eine schwungvoll in maritimer Formensprache gestaltete Flanier-Viertelmeile, die von einem Wasserband durchzogen wird. Ungefähr in ihrer Mitte drei polierte Granitbrunnen, wie U-Boot-Türme auftauchend, aus denen geysirähnlich Wasser quillt. Magisch-blau unterlegte Lichtstreifen im Pflasterbelag veranlassen Kinder zu schwierig zu beantwortenden Fragen. Bei Nacht erglüht eine raffinierte Illumination. Besonders gelungen scheint die Integration der vorhandenen Grünzonen des nochmals verschönerten Kurparks und der Anlagen um das Maritim "Seehotel". Und natürlich ist das Ganze frei von jedem Autoverkehr.

Vervollständigt wird das Bild aber erst durch einige ansehnliche Stadthäuser, die hier an der Kurpromenade seit 1995 entstanden sind. In ihrer gemäßigt postmodernen Bäderarchitektur prägen sie die Mitte entscheidend mit und sorgen für eine dezidiert städtische Kom-

Die neue Brunnenplastik auf der Kurpromenade.

Das Rathaus, das frühere „Olgaheim“, nach seinem Wiederaufbau. Jetzt dient das Schmuckstück der Kurverwaltung („Kurbetrieb“).

ponente. Jetzt, wo ihre Reihe (seit 2001) fertig ist, erkennt man den enormen baulichen Fortschritt, den Timmendorfer Strand an dieser Stelle gemacht hat.

Vom Kinderheim zum Kurbetrieb

Das Geschick Timmendorfs, aus krisenhaften Entwicklungen Zukunftskapital zu schlagen, zeigt sich eindrucksvoll an dem ehemaligen "Olgaheim". Das markante Gebäude am Timmendorfer Platz im Neo-Mischstil der vorigen Jahrhundertwende diente seit der Gemeindegründung als Rathaus. Doch über hundert Jahre nach seiner Errichtung war es hochgradig sanierungsreif geworden. Über die Frage Sanierung, Abriss oder Neubau kam es zu einem überaus heftigen Streit in der Gemeinde. Ein kompletter Neubau, für den manches sprach, wäre wohl zu teuer geworden, eine Sanierung erschien fragwürdig. Architekt Karl-Heinz Stolley, im Besitz der alten Baupläne, versprach, das Haus nach einem Abriss äußerlich originalgetreu wieder aufzubauen, und zwar zu Gesamtkosten nicht höher als denen einer Sanierung. Es ging um fast vier Millionen Mark (zwei Millionen Euro). Nun sollte ein Bürgerentscheid den Ausschlag geben. Die Timmendorfer entschieden sich für diesen Wiederaufbauplan, und der Architekt hielt seine Zusage wie auch die vorgesehene Bauzeit ein.

Am 1. Oktober 1999 wurde die Rekonstruktion feierlich eingeweiht: ein auffälliger, jetzt weiß gestrichener

Museum für asiatische Kunst? Das Wohnhaus eines Hamburgers.

Ziegelbau, der in seinem Traditionalismus für diesen zentralen Platz wie geschaffen ist. Aber nicht die Gemeindeverwaltung, die sich in der Zwischenzeit ein neues Domizil hatte suchen müssen, sondern der Kurbetrieb - bis dahin im Kongresshaus untergebracht - zog nun hier ein. Mit dem äußerlich scheinbar altmodischen, innen aber modernen Gebäude war ein idealer Standort für diese Tourismusfunktion gefunden.

Ein Privathaus erregt Aufsehen

In eine gänzlich andere Richtung geht ein Privathaus-Ensemble, das - vielleicht bezeichnenderweise - im ersten Jahr des neuen Jahrtausends fertig wird. Auf eines der schönen Seegrundstücke an der Strandallee hat der Hamburger Kaufmann, Verleger, Politiker, Marathonläufer, Ex-HSV-Präsident, Timmendorf-Fan und Fernost-Kenner Jürgen Hunke zwei blendendweiße Pagodenhäuser hingesetzt. Selbst die Dachziegel der provozierenden Anlage schimmern weiß, wie von Schnee; die Gartenanlage würde jedem buddhistischen Tempel gut zu Gesicht stehen.

Personalwechsel

Nachdem nun in Timmendorfer Strand vorerst alles Wesentliche getan scheint, bringt das Jahr 2000 gleich eine mehrfache Zäsur. Die Ära Fandrey geht am 30. Juni nach 14 Jahren zu Ende. Er tritt in den Ruhestand (bald jedoch muss er als ZVO-Vorsteher in die Bresche springen). Schon im Februar des Jahres war ein neuer Bürgermeister gewählt worden. Es ist der bisherige Kurdirektor Volker Popp. Eine lange Anlaufzeit braucht der neue Verwaltungschef nicht, da er den Ort und alle seine Interna seit langem kennt - für Kontinuität ist gesorgt. Seinen Posten übernimmt am 1. Oktober 2000 eine Frau: Katrin Löbbecke zieht als Kurdirektorin auf der ersten Etage des früheren Rathauses ein.

Was ist das nun für ein Timmendorfer Strand, das Bürgermeister und Kurdirektorin, das Bürger und Gäste, das wir alle zu Beginn des neuen Jahrtausends vorfinden? Die Entwicklung des Ortes scheint zu einem gewissen Abschluss gekommen zu sein, so dass sich eine Bestandsaufnahme geradezu anbietet. Der folgende Teil II dieses Buches soll Aufschluss geben.

Zweiter Teil

Der Stand der Dinge

Baden, Wellness und Kur

Strand und Strandverwandtes

Das ist nun zweifellos der größte aller Timmendorfer Vorzüge: dieser sechseinhalb Kilometer lange feinsandige Strand. Er reicht von der Ostsee-Therme Scharbeutz ganz hoch oben im Nordwesten bis zum Meerwasserschwimmbad im Niendorfer Osten - insgesamt 37 Hektar wertvollstes Gemeindeland.

Machen wir uns auf eine Strandwanderung. Beginnen wollen wir mit der weiten, parabolisch geschwungenen Timmendorfer Partie. Geographisch fast genau nach Nordosten ausgerichtet, macht sie etwa zwei Drittel der gesamten Strandlänge aus. Eine durchgehende Baumzone bildet einen dichten und hohen Grüngürtel um den sanften Meerbusen.

• Ganz am Anfang der Bucht, unmittelbar neben jener markanten Therme, liegt der traditionelle FKK-Strand. Zwischen dessen beiden Alibi-Sichtschutzwänden ist ausnahmsweise der Dünenbereich zugänglich, wo unter prächtigen alten Erlen der ursprüngliche Zustand des Strandes noch besonders gut konserviert ist. Daneben dann ein neu eingerichteter Sport- und Spielstrand für Beach-Volley- und -Basketball sowie Trampolinspringen. In einem Container ist eine Surf- und Katamaranschule stationiert, die in der Saison regen Zuspruch findet.

• Im Hintergrund sieht man bereits die große Timmendorfer Seebrücke, ein nüchternes Betonbauwerk, 275 Meter lang, aus dem Jahr 1976. Ohne äußeren Reiz

Er hat' s geschafft: Am Strand.

275 Meter lang: Die große Timmendorfer Seebrücke.

Tretboote
BOOTE

„Die Badende".

(das einst vorgesehene Café an der Spitze blieb ihr versagt) ist sie vielleicht gerade in ihrer Schlichtheit ein besonders passender Orientierungspunkt für die langgezogene Bucht - und deshalb so beliebt.

• An diesem quirligen Mittelpunkt des Haupt-Ortsteils bestimmt heute das Ensemble von Maritim "Seehotel", Trinkkurhalle, "Sea Life" und Curschmann-Klinik die Landseite der Bucht, wohltuend eingefasst von dem schönen Naturrahmen der Parkanlagen mit ihren imposanten Kiefern und Eichen. Auf einem Aussichts-Rondell trocknet sich die bronzene "Badende" von Goedtke graziös und ausdauernd den Rücken, den Blick verstohlen auf die Badegäste gerichtet.

• Weiter geht es zur nächsten, kleineren Seebrücke. Die Holzkonstruktion gehört zum Hotel "Seeschlösschen". Eine Art Zwilling des "Seehotels", ragt es fast bastionsartig vor und lässt den Strand hier ein bisschen enger erscheinen.

Nach dem Passieren einer (unsichtbaren) Grenze beginnen nun die Niendorfer Strandabschnitte:

• Hinter dem Hundestrand - es ist der einzige des Bades - stößt der Spaziergänger bald auf den Einschnitt des Niendorfer Hafens, um den er landeinwärts herumkurven muss (eine hier ursprünglich vorgesehene Fußgängerbrücke mit aufklappbarem Mittelteil wurde leider nie gebaut).

• An der weit ausgreifenden Mole neben der Hafeneinfahrt liegt dann erst einmal ein ganzes Stück Freier Strand. Hier wird keine Kurtaxe erhoben - und damit eine landeseinheitliche Auflage erfüllt. An diesem Teil der Uferpromenade stehen einige der sympathischen Niendorfer Kleinvillen der frühen Zeit.

• Danach beginnen die zentralen Niendorfer Strände mit ihrer fast reinen Nordlage. Sie liegen weiter in die See vorgeschoben, haben eine etwas bewegtere Küstenlinie und sind insgesamt ein bisschen schmaler sowie buhnenreicher als die auf der Timmendorfer Seite. Und im Gegensatz zu jener gibt es in Niendorf wenig Grün hinterm Strand.

Die Promenade in Niendorf.

• Zum Ausgleich dafür weist die Strandpromenade, hier im Gegensatz zu Timmendorf "klassisch" gepflastert (und damit behindertengerecht), niedrige Mäuerchen auf, die einen gewissen Hochwasserschutz bilden sollen.

• Beinahe am Ende der langen Promenade schließlich, hinter dem bis fast zur Wasserlinie reichenden "Haus des Kurgastes", nunmehr eine dritte, die große Niendorfer Seebrücke.

Nach zwei Stunden wadenintensiver Wanderung am Meeressaum ist jetzt das Niendorfer Meerwasserschwimmbad und damit das Strandende erreicht. Dahinter beginnt schon der Anstieg zum Brodtener Steilufer. - Zurück werden wir wohl lieber die Strandpromenade nehmen. Oder noch besser den Bus.

„Trend immerfort Sand“

Dieses Anagramm zu „Timmendorfer Strand“ trifft inhaltlich durchaus zu: Der soeben erkundete Sandstrand ist zwar nicht von adriatischer Breite, aber zwischen 20 und 40 Meter sind es überall an der langen Uferlinie. Sand, jene von den großen Zufluss-Strömen feingemahlenen und herantransportierten Quarzkörnchen, gibt es also im Prinzip reichlich. Mangels schwerer Fluten und starker Brandung braucht er hier jedenfalls nicht, wie zum Beispiel auf Sylt, künstlich aufgeschüttet zu werden. Doch trotzdem bleibt er nicht immer dort, wo er hin soll. Deshalb ist in Niendorf schon sehr früh, später dann auch in Timmendorfer Strand mit dem Buhnenbau begonnen worden. Allerdings schaffen diese Querwerke eine sägezahnförmige Strandlinie, denn der Sand sammelt sich immer an der Luvseite der Buhnen - und das ist Osten. Obendrein ist der Niendorfer Hafen durch die laufende Abtragung und Verdriftung des Brodtener Kliffs ständig vom Versanden bedroht und muss regelmäßig ausgebaggert werden. „Donnerstramme Drift“, um es mit einem weiteren zutreffenden Anagramm zu sagen.

Strandkörbe - heute ohne Burgen

Spätestens Pfingsten, zum Anbaden, werden an die 5000 Strandkörbe auf den 36 Timmendorfer und 24 Niendorfer Strandabschnitten untergebracht. Und selbst wenn die Körbe an einem heißen Juliwochenende - dann meist schon vormittags - komplett an Sonnenhungrige vermietet sein sollten, so finden auch alle anderen Badegäste bestimmt noch irgendwo einen angenehmen Strandliegeplatz. Dies umso mehr, als ja heutzutage keine Strandburgen mehr gebaut werden. Eng wird es nur um die große Timmendorfer Seebrücke herum, weil da einfach immer am meisten los ist: Links wird fast durchgehend Beachvolleyball geboten, rechts ist öfter mal Beachparty angesagt, und auf der Brücke selbst produzieren sich (trotz Verbot) akrobatische

Die örtliche Straßenkarte

Ostsee
N
W
O
S
Hafen
Hundestrand
Promenade
An der Acht
Dünenweg
Rodenberg-straße
Strandstraße
Haselweg
Forstweg
Krabben-weg
Lachsweg
Aalweg
Barkholtredder
B 76
Grüner Weg
Gartenweg
Hafenstr.
Am Reth-
Vörst-brook
warder
Brookredder
Dr. K.-Krause-Str.
Beesen-brook
Meinsweg
Strandstr.
Waldweg
Grüner Grund
Bäderrandstraße
Birken-weg
An der Aalbek
Erlenweg
Ulmen-weg
Weiden-weg
Mittelweg
Pappel-weg
Ahornweg
Hainbuchen-weg
Eichenweg
Erlenweg
Föhren-weg
Wander-weg
Schule
Sportplatz
Kurpark
Tennis
Zauberteich
Störtebeker Weg
Niendorf
Vogelpark
Wanderweg
Wanderweg
Wanderweg
Kurbetrieb
Seebrücke
Meerwasser-schwimmbad
Sydowstr.
Wiesen-grund
Am Wittinghaff
Waldblick
Dr. Waßmund-Str.
Peter-Hardt-Str.
Pamir-straße
Nagels-A.
Passat-weg
Park-A.
Ostseeallee
Steilauferallee
Travemünder Landstraße
Niobeweg
Herrmann-Kröger-Straße
Fr.-Bebensee-Str.
Wikinger-Ring
Häverner Allee
Friedhof
Brodtener Str.
WC
P
H
21 - 19
18 - 16
15 - 12
11 - 9
8 - 1
22

Strandleben: Strandkörbe bieten Schutz vor Sonne und Wind, pompöse Sandburgen sind heute verpönt.

jugendliche Kopfspringer acapulcoreif. Überall sonst reicht der Platz fast immer noch für ein regelfreies Beachballspielchen oder eine Federball-Partie, wohingegen Fußball oder Frisbee leicht Unmut bei den sonnenbadenden Nachbarn auslösen. Die Kinderdichte ist direkt an der Wasserlinie am stärksten. Dort werden vor allem sandbau- und strömungstechnische Experimente aller Art betrieben.

Die Strandkorbvermietung steht unter der Obhut des Kurbetriebs. Mit den insgesamt 49 Vermietern (30 in Timmendorf, 19 in Niendorf), die das Geschäft manchmal schon in dritter Generation betreiben, bestehen Konzessionsverträge für die einzelnen Strandabschnitte. Die Preisstellung bleibt ihnen überlassen, aber es haben sich Tagespreise ab 7 Euro eingependelt; auch wochenweise oder für die ganze Saison kann gemietet werden. An den Kurbetrieb der Gemeinde müssen die Vermieter Konzessionsentgelte zahlen. Außerdem obliegt ihnen die Zugangskontrolle am Strand (daneben gibt es noch ein paar "mobile" Kontrolleure) und das Kassieren der ach-so-beliebten Strand-Kurtaxe. Dafür wiederum stehen den Strandkorbunternehmern Provisionen zu - rechnen müssen sie also können! Komplettiert wird das Geschäft auf Gegenseitigkeit durch ihre Pflicht, Abfälle und Unrat allabendlich einzusammeln; abgefahren wird das Sammelgut dann vom Bauhof der Gemeinde. Ganz nebenbei sind die Strandkorbvermieter(innen) eine wichtige tägliche Kommunikations-Drehscheibe für alle Badegäste; man kennt sich schon bald, und mancher Plausch über das Wetter und andere Tagesaktualitäten wird abgehalten.

Keinerlei Abbruch tut es übrigens dem sommerlichen Strandleben, dass der ganze schöne lange Strand ausgerechnet in die Schattenrichtung Nord/Nordost weist. Das Badepublikum hat diese Tatsache schon immer ignoriert, ja sie sogar als vorteilhaft umgedeutet. Man liegt dann ja in den Strandkörben bestens geschützt gegen den notorischen Westwind der Atlantiktiefs. Und bei stabiler Hochdrucklage mit Sonne und Ostwind passt alles ohnehin optimal, weil der Strandkorb nämlich mittags sowieso vom windigen Wasser weg in die sonnige Westrichtung gedreht werden muss. Schizophrenie der harmlosen Art. Aber ein ganz kleiner Stachel bleibt - besonders wenn der Blick zu den Badeorten auf der gegenüberliegenden Seite der Neustädter Bucht geht, deren Apartementbauten weißglänzend in der Nachmittagssonne liegen.

www.strandkorb.de

Beliebteste Strandmöbel sind nach wie vor die zweisitzigen Standard-Kippkörbe: 120 Zentimeter breit und 160 hoch, fast zwei Zentner schwer. Vereinzelt finden sich auch leichtere kuschelige Einsitzer, ganz selten die ausladenden Familienkörbe für bis zu vier Personen. Bei Sonnenanbetern neuerdings beliebt sind Flachlieger, deren Haube bis in die Waagerechte verstellt werden kann. Und seit der Saison 2001 können Strandkörbe sogar übers Internet gemietet werden. Noch ein Tipp für den Terrassenbesitzer: gute gebrauchte Körbe kann man bei manchen Vermietern für 300 bis 400 Euro kriegen - und gegen eine angemessene Transportpauschale wird das Schnäppchen sogar nach Hause bis an die Gartentür gebracht.

Schon bald nach dem Start des modernen Badelebens an der See hatte sich speziell in den deutschen Seebädern die (Un)Sitte des Strandburgenbauens auszubreiten begonnen. Sie erreichte periodenweise bizarre Höhepunkte: (manchmal originelle) baulich-künstlerische, (oft spießige) lokalpatriotisch-nationalistische sowie (meist üble) politisch-agitatorische. Auch für Timmendorfer Strand sind solche Elaborate dokumentiert - vom Nürburgring-Nachbau bis zum Gefallenendenkmal. Hohn und Spott über ihre Sandbauwut, vor allem im Ausland, hat die Landsleute zunächst wenig beeindruckt. Mancherorts - nicht so in Timmendorf - musste den Burgherren die Gefährdung der Strände durch ihre Bauerei erst mit Verboten und Androhungen klar gemacht werden. Dann nahm alles ein friedliches Ende, und heute ist Burgenbauen out. Nur die ganz Kleinen fangen immer wieder damit an - aber ohne die nun verweigerte Hilfe der Väter kommen sie natürlich nicht weit.

Timmendorfer Strand: Abkühlen in der schäumenden Brandung ...

... oder lieber Aufwärmen an der sonnigen Promenade.

Den Lass´ Ruhig Gluckern

Wer DLRG (Deutsche Lebens-Rettungs-Gesellschaft) so interpretiert, ist natürlich ein Witzbold. Denn über hundert lokale DLRG-Rettungsschwimmer passen in der Saison sehr wohl darauf auf, dass den Timmendorfer Badenden nichts zustößt. Timmendorfer Strand ist ein überaus beliebter Standort bei den idealistischen jungen Leuten, wie Thoralf Kramer in seiner "Hauptwache" nahe der Curschmann-Klinik erzählt. Für ein paar Euro am Tag plus Kost und Logis machen sie ihren Sommerjob. Im Auftrag der Kurverwaltung, die das Equipment und die Unterkunft stellt. Um DLRG-Rettungswacht schieben zu können, müssen die Freiwilligen 16 Jahre alt und zwei Jahre Mitglied bei der DLRG sein, den Rettungsschwimmerschein in Silber haben und einen Erste-Hilfe-Kurs nachweisen. Trotz spartanischer Lebensweise gibt es kaum Nachwuchssorgen. Viele kommen Jahr für Jahr wieder, haben Freundschaften geschlossen, treffen sich auch im Winter irgendwo. Mit 25000 Arbeitsstunden haben sie ihre Wohn-Holzhäuser beim Niendorfer Hafen selbst auf Vordermann gebracht. Ihr Material behandeln sie so sorgsam wie Eigentum, Überstunden und Sondereinsätze werden aus freien Stücken geleistet. Der Kurbetrieb weiß, was er an ihnen hat, und spendiert jedes Jahr (mindestens) eine Grill-Fete. Was Kramer und seine Rettungswachtler stört, ist die Unvorsichtigkeit mancher Badegäste, die ihre Kräfte überschätzen und zu weit hinausschwimmen. Doch die kann man wieder rein holen. Anders bei denen, die erhitzt und abgehetzt ins kalte Wasser springen und einen Kreislaufkollaps kriegen. Hier kommt leider manchmal auch die Hilfe der DLRG-Leute zu spät.

Baden und Retten

An den schönen Sommertagen bleibt der gemietete Strandkorb oder die ausgebreitete Matte zeitweise leer. "Ich geh´ ins Wasser", heißt es dann. (Mancher Privilegierte aus der "ersten Reihe" kann das sogar direkt vom Wohnzimmer aus.) Vielleicht stehen dann sogar einmal halbtropische 22 Grad Wassertemperatur an den zehn DLRG-Häuschen angezeigt - hoffentlich nicht auf Grund der vielen kleinen Kinder in Strandnähe, ist doch das Waser weiter draußen meist etwas kühler. Den Kleinen aber, und damit ihren vielleicht im Strandkorb dösenden Eltern, droht angesichts des sehr flachen Strandprofils und der meist harmlosen Wellen kaum Ungemach.

Brandungsliebhaber haben dementsprechend seltener Grund zur Freude. Desto mehr aber passionierte Schwimmer, sofern sie erst einmal die ein oder zwei Sandbänke überwunden haben und im schwimmtiefen Wasser sind. Weit hinaus - bis zu der Kette der weißen Bälle, die die Badegrenze markiert - mag es dann gehen, Kondition vorausgesetzt. Bei stärkerem Ostwind kann an der Timmendorf-Scharbeutzer Grenze allerdings eine "Trecker-Strömung" nach draußen ziehen. Dann verhängt die DLRG dort Badeverbot.

Quälgeister

Eigentlich sollte am Strand immer eitel Sonnenschein herrschen. Doch selbst wenn es so ist, dräut zuweilen Unangenehmes.

• Zum Beispiel Sonnenbrand: kurzfristig nur schmerzhaft, längerfristig aber gefährlich - also eincremen!
• Wespen verderben einem speziell im Spätsommer den Strandspaß oft gründlich; gegen ihre Stiche haben die netten DLRG-Leute zur Not ein linderndes Mittelchen in ihrer Station.
• Quallen, fast immer harmlos, sind für viele Badende die allerschlimmste Plage (nur die wenigsten haben ein

Gespür für die wässrige Ästhetik dieser Medusen). Und es gibt leider Tage, an denen sie jedem das Baden verleiden können.

• Völlig unschädlich sind Seegras und Tang. Dennoch empfinden viele die dunklen Flecken im Wasser als unangenehm, und an Land fangen solche Naturprodukte ganz schnell an zu stinken, wenn sie nicht beseitigt werden.

• Algenteppiche, vor allem aus den (angeblich) giftigen Blaualgen, sind selten, jedoch bei allen Kurverwaltungen am meisten gefürchtet. Sie kommen immer im Sommer und sorgen für große Schlagzeilen.

Ordnung muss sein

Auch für das ganz normale Strandleben gelten Regeln. Nicht um ihrer selbst willen, sondern - gerade im Kurort - zur Erreichung jenes friedlichen, gelassenen, ruhigen Miteinanders, das im sonstigen Alltag so oft fehlt. Die Gemeinde Timmendorfer Strand setzt diese Regeln auf Grund der vom Land Schleswig-Holstein erteilten Badekonzession selbst. Der ganze Strand ohne Ausnahme ist öffentliches Eigentum, ebenso die gesamten Kur- und Grünanlagen.

Eine Satzung und eine Gemeindeverordnung regeln alle Einzelheiten knapp, aber erschöpfend: für den Strandbereich Betreten und Benehmen, die leidige Hundefrage, den Betrieb von Wasserfahrzeugen (zu denen auch Surfbretter gehören) und die gewerbliche Betätigung; für das Kurgebiet allgemein Ruhezeiten und Antilärmvorschriften. Bei Verstößen können Bußgelder verhängt werden.

Der Strand reicht von der bewachsenen Vordüne, die fast überall unauffällig durch Maschendraht abgeschirmt ist, bis zur mittleren Wasserlinie; dahinter fängt dann schon die Bundeswasserstraße an. Nur dieser Strand gehört der Gemeinde, und nur dort gelten ihre Vorschriften. Als einmal geschäftstüchtige Schlaumeier darauf gekommen waren, jenseits der Wasserlinie - unter Inkaufnahme nasser Füße - mit (natürlich konzessionsfreien) Verkaufsständen aufzukreuzen und damit die legalen Konzessionäre zu ärgern, wusste sich die Gemeinde zu helfen. Sie sicherte sich beim Bund einfach die Nutzungsrechte für einen Streifen Wasserstraße.

Textilfrei ist schön - aber bitte eincremen!

Bilder einer norddeutschen Landschaft: Boote am Hemmelsdorfer See ...

... Felder und Wolken im Timmendorfer Hinterland.

Sauberkeit hat in einem Kurort höchsten Stellenwert. Deshalb kümmert man sich um sie in Timmendorfer Strand besonders engagiert.

• Für Straßen und Strand sorgen Bauhof und Vertragsfirmen ebenso unauffällig wie wirkungsvoll. Aber Geschäftsleute und andere Anwohner sind sich nicht zu schade, bei Bedarf auch einmal selbst zuzugreifen. Und wer als Passant mal "versehentlich" etwas fallen oder liegen lässt, kann in Timmendorfer Strand eher als anderswo mit pädagogischen Hinweisen rechnen.

• Eine ganz pfiffige Lösung scheint das vom Kurbetrieb im Sommer regelmäßig angebotene Strandgutsammeln als "Ferienspaß" zu sein.

• Einmal im Jahr, am ersten Montag im April, gibt es dann sogar eine konzertierte "Aktion saubere Landschaft", bei der Bürger, Feuerwehr, Malteser Hilfsdienst und Gemeindepersonal Frühjahrsputz machen - hinterher wird Suppe mit Brötchen spendiert.

• Für vorbildliche hygienische Verhältnisse sorgt - auch im Winter - eine große Anzahl gut in Schuss gehaltener WC-Anlagen an der ganzen Strandpromenade, die meisten mit Duschen.

Gegen die Großstadt-Seuche Graffitti schien Timmendorfer Strand bisher gefeit. Leider scheint sich das zu ändern. Soll hier etwa Hamburg eingeholt werden? Und ein Dauerproblem bleiben "Kot und Köter", wie es einmal bissig umschrieben wurde. Zwar haben die Vierbeiner ihren eigenen Strand, doch ihre haufenweisen Hinterlassenschaften, an der Promenade und sonst im Ort, machen dem Kurbetrieb arg zu schaffen. Appelle und bereitgestellte Entsorgungsbeutel haben bisher noch nicht richtig gewirkt. Einen Hundesheriff (wie in Kampen auf Sylt) will man aber vorerst nicht einstellen.

Kurkarten heute, gestern und vorgestern

Die neue Timmendorfer (plus Niendorfer) Kurkarte heißt TiNi-CARD und bietet viel mehr als nur den Strandzugang. Darunter Karten von 1949 (M.) und 1919 (u.).

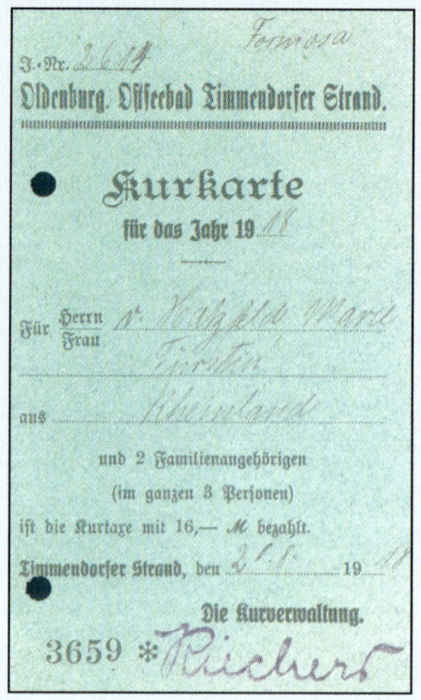

Timmendorf im Hochsommer: Wer sich langweilt, ist selber schuld.

Baden mit Variationen

Allein mit Baden und Sonnen lässt sich selbst der schönste Timmendorfer Strandtag nicht zubringen.

• Lesen hilft ein bisschen, und wer keinen Lesestoff dabei hat, findet schnell einen Kiosk mit leichter Kost. Anspruchsvollere werden in den beiden gemeindlichen Leihbüchereien umfassend und kenntnisreich bedient, wenn sie nicht den gut sortierten Buchladen "Belletrist" an der Strandpromenade vorziehen. Das reicht jedoch kaum. Daher bietet der Kurbetrieb in Timmendorfer Strand und in Niendorf jedenfalls im Sommer fast täglich ein Programm. Ganz besonders viel für die Kleinen, die heute so gerne Kids genannt werden: Spiele, Kaspertheater, Basteln, Kindertheater zum Mitmachen, T-Shirt-Bemalung, Räuberjagd, Kinderkabarett, Gute-Nacht-Geschichte - Animation ohne Ende für den unterhaltungsgewohnten Nachwuchs.

• Vom Sportangebot am Strand war schon kurz die Rede. Am größten ist das Verlangen des Publikums nach Ballspielen, an zweiter Stelle stehen Gymnastik und Fitness: Körperliche Bewegung auf weichem Sand, die Wiederentdeckung des Barfußlaufens, frische

Spaß für Kinder: Auf dem Spielplatz und beim Autorennen.

Seeluft und die erquickende Sofortbelohnung durch das Baden bilden eine unwiderstehliche Kombination.

• Beim Wassersport führt natürlich unangefochten das Schwimmen in allen seinen Variationen, aber auch hier sind oft Bälle mit im Spiel. Bei stärkerem Seewind können das dann die roten Warn-Bälle der DLRG-Stationen sein: einer heißt Vorsicht!, und wenn beide aufgezogen sind, besteht Badeverbot. Und wer noch gar nicht schwimmen kann, sollte sich erst einmal zum Lernen ins Niendorfer Hallenbad begeben.

• Nicht gerade zu den Extremsportarten gehört das immer noch sehr beliebte Tretbootfahren, das von einigen Strandkorbvermietern angeboten wird. Vielleicht bildet es ja bei den Kunden die Vorstufe zum übrigen Wassersport wie Surfen, Segeln oder gar Tauchen.

• Was aber seit jeher zu einem Sommerurlaub in Timmendorfer Strand gehört, ist eine Schiffstour. Fahrgastschiffe - mit so verwegenen Namen wie MS/Seelöwe und Sturmvogel II - bieten täglich eine reiche Auswahl: "Seebäderkreuzfahrten" an der Küste entlang zu den Nachbarbädern oder auch eine richtige Seefahrt quer über die Lübecker Bucht zur mecklenburgischen Konkurrenz nach Boltenhagen. In jedem Fall ein tagesfüllendes, mit Familienanhang eventuell aber auch Portmonee leerendes Ausflugsprogramm.

• Manche sehen das Wasser lieber nur aus der Ferne. Wer zu ihnen gehört (und das sind gar nicht so ganz wenige), der schließe sich den „Strandentdeckern“ an: Spaziergänge unter sachverständiger Führung, bei denen interessierte Landratten mehr vom Meer lernen können.

• Wer aber nun rein gar nichts unternehmen möchte (oder es vielleicht auch nicht mehr so gut kann), der findet im ganzen Strandbereich viele Sitzgelegenheiten mit schönen kurtaxfreien Ausblicken - die begehrtesten unter ihnen bieten Ostsee- und Passantenblick zugleich.

• Und an die Kinder (sind sie nicht Hauptpersonen?) wurde selbstverständlich ebenfalls gedacht: Gute Spielplätze - trotz Strand und Gameboy immer begehrt - finden sich an vielen verschiedenen Stellen. Meist hört man sie schon, bevor man sie sieht.

Kalorien-Recycling

So viel Abwechslung sorgt für Hunger am Strand. Eine bunte Reihe von Kiosken, Pavillons, Buden und Katen, manche unter Reetdächern, wartet auf Kunden. Mittags bilden sich dann auch schnell Schlangen. Das Publikum ist ebenso wählerisch wie geduldig, die Betreiber hinterm Tresen sind fix - und selten um einen Schnack verlegen. Und um den Hungrigen sogar entgegen zu kommen, hat der servicebewusste Kurbetrieb jetzt auch einen Bringedienst bis zum Strandkorb genehmigt.

Wett(rutsch)en dass?

Für ihre Super-Rutschen hat sich die Ostsee-Therme Scharbeutz eine werbewirksame "Deutsche Meisterschaft im Wettrutschen" ausgedacht. Im März 2002, zum zehnjährigen Jubiläum des Bades, fand dieses natürlich absolut ernsthafte Championat bereits zum fünften Male statt. Marketing-Leiterin Constanze Höfinghoff, studierte Tourismus-Betriebswirtin, erläutert ohne jedes Augenzwinkern die Rutschvorschriften ("nur in sitzender oder liegender Haltung mit den Füßen voran").

Irgendwelche Tricks mit Folien oder Öl sind streng verboten. Gerutscht wird in drei Klassen (männlich bis 70 und über 70 Kilogramm sowie weiblich) auf der "schnellen blauen Rutsche": Länge 158 Meter, Höhendifferenz 15,4 Meter. Hallenbäder sind selten ein Hort der Stille, aber was sich hier bei den Finalläufen im hinteren Teil der Ostsee-Therme akustisch abspielt, überbietet alles. Zur umjubelten Siegerehrung darf dann aufs Treppchen, wer aus vier Rutschgängen die beste Gesamtzeit erzielt hat.

Baden unter Dach und Fach

Leider ist dieser so vielseitige Ostseestrand nur von Pfingsten bis September zum Baden geeignet. Doch seit langem stehen den Badewilligen auch in der übrigen Zeit komfortable Hallenbäder mit ganzjährig angenehmen Wasser- und Lufttemperaturen zur Verfügung.

An deren Spitze sicherlich - seit 1992 - die Ostsee-Therme Scharbeutz, die trotz ihrer Nachbarlage fest zum Timmendorfer Besitzstand gehört. Ganzjährig lange tägliche Öffnungszeiten, viele Aktionen und das unerschöpfliche Angebot der Therme sorgen nach wie vor für Zulauf. Vielleicht ist es die Ausgewogenheit zwischen aktiven und passiven Betätigungsmöglichkeiten, die so anziehend wirkt: Mehrere Innen- und Außenschwimmbecken mit Wasserspielen aller Art, Aussichtsplattform und Terrasse, Whirlpools, eine Relax-Zone mit Bar, ein Sportstudio, Therapieräume, ein Restaurant mit Café, vor allem aber: die zwei Erlebnisrutschen von zusammen über 300 Meter Länge! Wer die Saunen zählt, wird allein im Inneren auf elf (unterschiedliche) kommen, dazu dann noch ein Saunagarten draußen am Strand mit zwei finnischen Blockhaussaunen - und der Ostsee als "Tauchbecken". Eine Profi-Tauchschule für richtige Taucher gibt es nebenan auch. - Die Überfülle an Abwechslung stellt manchmal das eigene Orientierungsvermögen auf Proben. Zum Beispiel, um den richtigen von 2142 Kleiderspinden wiederzufinden.

Das herkömmliche Hallenbad gibt es auch noch, und es hat seine Liebhaber. Genau am anderen Ende der Gemeinde liegt das Niendorfer Meerwasserhallenbad. Über ein Vierteljahrhundert alt, hat es jetzt durch eine Verjüngungskur wieder neue Zugkraft gewonnen. (Allerdings nur für die Badenden, denn der Gemeinde beschert es Verluste.) Sein ganz großer Vorzug liegt im sportlichen Schwimmen auf 25-Meter-Bahnen. Wer noch nicht schwimmen kann, kriegt es hier, wie gesagt, fachkundig beigebracht. Warmbadetag, Wassergymnastik und Disco-Baden für Kinder sind weitere „Specials" in Niendorf. Von der Cafeteria des Bades aus kann man die Schwimmer im Becken beobachten; im Sommer bietet die Terrasse mit den großen Sonnenschirmen Ausblicke auf Strandbetrieb und Straßenverkehr. Davor ist eine Art Piazza entstanden.

Zwischen diesen beiden Bädern an den äußersten Ortsrändern gibt es einige sehr ansehnliche Hotel-Hallenbäder, die zum Teil auch öffentlich zugänglich sind. Die beiden Maritim-Hotels und das "Seeschlösschen" verfügen neben ihren groß dimensionierten Hallenbädern auch über sehr schöne beheizbare Freibäder. Ungefähr zehn weitere Häuser in Timmendorf und in Niendorf haben eigene Hallenbäder. Sie bringen zwar keinen Stern ein bei der Hotelklassifizierung, wohl aber zusätzliches Publikum in der kühleren Jahreszeit.

Die liebe Gesundheit

Ungezählte Gesundheitstipps, -regeln, und -vorschläge sind schon über uns hinweggegangen. Manches ist Allgemeingut geworden, vieles andere bereits wieder überholt. Die klassische Drei- oder Vier-Wochen-Kur ist out, damit also auch die "Timmendorfer Kur" - wenn man einmal von den Rehabilitanden der Curschmann-Klinik absieht. Nun hat seit etwa fünf Jahren das amerikanische Kunstwort Wellness (aus well-being und fitness) flächendeckend den gesamten Gesundheitsbereich ergriffen. Gemeint ist gesteigertes Wohlgefühl bei guter körperlicher Verfassung - erinnert das nicht stark an das 2000 Jahre alte "mens sana in corpore sano"? Auch bei dieser Sentenz war ja nie ganz klar, ob sie einen Ist- oder einen Soll-Zustand beschreibt.

Jedenfalls scheint ein ganz neuer Wirtschaftszweig entstanden zu sein, und wer im Gesundheitssektor heute nicht mit Wellness operiert, liegt hoffnungslos hinten.

Das Niendorfer Zentrum mit dem Hallenbad (r.).

Hoffnungsvoll dagegen sieht sich Schleswig-Holstein sogleich als Wellness-Land und deklariert seine Ansprüche - unter Hinzunahme weiterer aktueller Begriffe wie ganzheitliche Ausrichtung, intakte Umwelt, sanfter Tourismus und ökologischer Landbau. Außerdem hat das Land eine "Studie zu den Potenzialen und Chancen der Gesundheitswirtschaft" in Auftrag gegeben. Natürlich ist Kiel in hohem Maße am Ausbau seiner Gesundheits- und Wellness-Industrie interessiert, die schon heute in Schleswig-Holstein 16 Prozent aller Arbeitnehmer beschäftigt. Doch dem Land fehlen die Mittel, und so kann es seine Gemeinden nur beschränkt unterstützen. Aktiv werden sollen vorzugsweise Private: der viel beschworene Mittelstand. Auf einem großen Gesundheitskongress Ende 2001 in Lübeck stellte Ministerpräsidentin Heide Simonis die besondere Kompetenz ihres Landes für diesen Zukunftsmarkt heraus. Hauptreferent Prof. Dietrich Grönemeyer, ganz global, forderte sogar Weltgeltung ein für deutsche Medizin - unter dem kalauernden Titel "Med. in Germany".

Timmendorfer Kur anno 1961

Schon früh - 1951 - ist Timmendorfer Strand das Prädikat "Ostseeheilbad" zuerkannt worden (1995/96 nach erneuter gründlicher Prüfung bestätigt). Kein bloßes Etikett, denn es sind objektive Kriterien einer Landesverordnung zu erfüllen: Klimaanalyse, Luftqualitätsattest, Kureinrichtungen ... Darauf hat der Ort seit jeher größten Wert gelegt, denn es steht und fällt damit die formelle Zugehörigkeit zur Spitzengruppe der deutschen Kurorte.

Eine spezielle Meerwasser-Trinkkur wurde dann bereits unmittelbar nach dem Bau der schönen Halle am Strand entwickelt und unter dem Namen "timare" vermarktet. Meerwasser und Blut, so die gängige These, sind sich im Mineralstoff- und Spurenelemente-Anteil ziemlich ähnlich. Trinkkur, Inhalation und Mundddusche mit (gereinigtem) Ostseewasser waren die Hauptbestandteile dieser Kur - mit dem klassischen Vorbild der in Säulenhallen wandelnden Rekonvaleszenten.

Unermüdlicher Propagandist war der damalige Badearzt und langjährige Bürgervorsteher Dr. Heinrich Fix. Heute führen nur noch die Biomaris-Produkte diese Tradition des Meerwassertrinkens fort. Sie stammen indessen nicht aus der Ostsee, sondern aus dem Atlantik.

Ein etwas größeres Kur-Rad konnte gedreht werden, als 1961 neben der Trinkkurhalle das Kurhaus mit Meerwasserschwimmbad fertig geworden war. Das war auch genau die Zeit, als typische Zivilisationsschäden wie die Managerkrankheit en vogue waren (in Wirklichkeit war zuviel gearbeitet, geraucht und getrunken worden). Auch Allergien, Katarrhe oder vegetative Dystonie griffen - manchmal fast modeartig - um sich. Die Badeärzte ließen sich die Gelegenheit nicht entgehen, gerade die Timmendorfer Möglichkeiten zu einer maßgeschneiderten Allround-Kur zu formen. Mäßigendes Ostseeklima, das Aerosol der Seeluft, Wärme- und Ultraviolettstrahlung der Sonne (Heliotherapie) und die geradezu universellen Wirkungen des kalten oder warmen Seewassers (Thalassotherapie) waren die Bestandteile dieser Kur, die dem Tablettenkonsum (Pharmakotherapie) den Kampf ansagte. Sie sollte vorzugsweise 3 bis 4 Wochen dauern, um Kreislauf, Haut und Lunge zu reparieren, den Hormonhaushalt zu regulieren und die Infektabwehr zu stabilisieren. - Ein solchermaßen gesundeter, wenngleich im Versmaß nicht ganz sattelfester Kurgast rief dann auch damals begeistert aus: "In Timmendorfer Strand erworbene Leistungskraft / neuen Lebensmut an Leib und Seele schafft".

Timmendorfer Strand selbst ist mit Verlautbarungen ebenfalls zur Hand ("Gesundheitsadresse Nr. 1"), bietet aber auch de facto eine Menge. So ist das Angebot des Kurbetriebs an sommerlichen Strandaktivitäten voll von Wellness-relevantem, wenn auch zurückhaltenderweise meist noch unter "Fitness" verbucht. Wer jeden morgen (Kurkarte nicht vergessen!) die Strandgymnastik mitmacht, abends den Fitness-Treff aufsucht, dazwischen Atemtechniken lernt und dann noch diesen oder jenen Kurs in der Ostsee-Therme belegt, der liegt am Ende vielleicht sogar schon jenseits von Wellness - und sehnt sich wieder nach seinem Büro. Vor allem die solvente Selbstzahler-Kundschaft haben die *privaten* Wellness-Anbieter in Timmendorfer Strand im Auge. Da ihre Zahl wächst, haben sie augenscheinlich Erfolg damit.

Wellness im Angebot

• Ein Zentrum der ersten Stunde ist die Ostsee-Therme Scharbeutz, die wir bei den Hallenbädern ausführlich beschrieben haben.
• Ebenfalls zu den Alteingesessenen gehört das Wellness-Center im Maritim „Seehotel", das ein Figurkonzept entwickelt hat und seine Schwerpunkte demzufolge in Problemzonen sieht - wer hätte keine solchen?
• Das Maritim „Golf- und Sporthotel", das "Seeschlösschen" und andere größere Häuser haben neben ihren Bädern durchweg gut ausgebaute Wellness-Bereiche; das "Landhaus Carstens" ist gerade dabei, sich entsprechend einzurichten.
• An der Kurpromenade praktizieren die Wellness-Oase Marimed sowie ein neues Studio speziell für Damen: S.H.E. - englisch-modisch abgeleitet aus Sports.Health.Energy.

Daneben gibt es eine ganze Reihe von wichtigen "Hilfsbetrieben" des Wellness-Business:

• Von zentraler Bedeutung selbstverständlich die Ärzte; mit zehn Bade-, Kur- und praktischen Ärzten, fünf Fachärzten, sechs Zahnarztpraxen (darunter ein vielsagender Herr Qualen) und schließlich noch vier Heilpraktikern scheint eine ausreichende Versorgungsdichte selbst beim Patientenansturm in den Monaten Juli und August gegeben.
• Drei Apotheken (dazu auch Drogerien und Supermärkte) vertreiben Medikamente und nicht verordnete Mittelchen.
• Ausgesprochen wellness-intensiv: die zahlreichen Adressen für Krankengymnastik, Physiotherapie und Massagen.
• Und die sanften äußerlichen Seiten der Wellness werden in verschiedenen Salons für Kosmetik (mehr und mehr auch für sich emanzipierende Herren) sowie Sonnenstudios bedacht.

Zwei von vielen

Zwei der erwähnten Masseure - pardon: Physiotherapeuten - haben sich in der Ostsee-Therme Scharbeutz zusammengefunden (die wir ja Timmendorf bekanntlich einverleibt haben). Es sind die beiden Brüder Torsten und Dirk Rohweder, die fast von Anfang an in der Therme praktizieren: Fango und Massagen vorne neben dem Eingang in gepachteten Räumen, Bewegungsbäder und Wassergymnastik im Salzwasserbecken des großen Bades. Sie haben noch die goldenen Vor-Kostendämpfungs-Zeiten erlebt, aber auch jetzt kommen sie zurecht. Manchen Abend geht es bis acht Uhr oder auch länger. Torsten gönnt sich dafür ab und zu einen längeren Tauchtrip in südlichen Gewässern. Dann muss Dirk alles alleine machen. Seine Spezialität ist die Behandlung von Sportverletzungen. Sogar die Eishockeyspieler des ECT hat er eine Zeitlang betreut, bis ihm das Geschäft zu stressig wurde. "Was ich nicht wieder hinkriege, das muss amputiert werden" sagt er im Spaß. Wer einmal mitgehört hat, wie gnadenlos er den Fußballer mit dem Meniskusschaden in der Nebenkabine "gesundquält", der glaubt es fast. Und ist froh, dass für die eigenen Rückenbeschwerden bloße Fangopackungen ausreichen.

Gerade diese Vielfalt von (para)medizinischen Dienstleistern trägt wesentlich zu dem guten Ruf von Timmendorfer Strand als Ostseeheilbad bei: Zusammen mit seinen balneologischen Einrichtungen machen sie das aus, was heute gern Gesundheits-Kompetenz genannt wird. Und so manche Stammbeziehung zum Badearzt, zum Masseur, zur Kosmetikerin bildet sich im Lauf der Jahre beim Publikum heraus - auch das ein Grund, um immer wieder zu kommen.

Zwei Zentren der Timmendorfer Gesundheitswelt: Curschmann-Klinik und Kurmittelhaus.

Kuren - sogar im Schloss

Steht bei Wellness noch das eigene Vergnügen - manchmal befördert durch Einsicht - im Mittelpunkt, so wird es nun sozusagen ernst. Für manchen etwa, der in die Curschmann-Klinik aufgenommen wird, vielleicht sogar allerhöchste Zeit. Hier geht es nämlich um die Genesung von koronaren Herzkrankheiten, und da kann es im wahrsten Sinne des Wortes eng werden. Das große Haus - Teil der Klinikgruppe Dr. Guth - mit seiner langen Timmendorfer Tradition ist eine Rehabilitationsklinik von Ruf. Ihr Prinzip heißt Teamarbeit. Den beiden Leitern auf der Chefarztetage unterstehen 150 Mitarbeiter. Es sind Ärzte, Therapeuten und Pflegepersonal, aber auch Psychologen, Seelsorger und Sozialarbeiter; daneben alle, die für Küche, Betrieb und Verwaltung nötig sind.

Das Behandlungskonzept: Die Infarktpatienten werden mit einem diätunterstützten Bewegungsprogramm so schnell wie möglich nach dem erlittenen Ungemach physisch wieder mobilisiert. Hallenbad, Gymnastikhalle (oder der Strand!) und Massagebank stehen dafür zur Verfügung. Außerdem bedürfen die meisten aber auch der psychischen Aufrüstung. Dazu dienen Therapiegespräche und die Einübung in sinnvolle Freizeitbeschäftigungen, bis hin zum Surfen auf dem PC. Die wichtigste Rolle - so wird der gerechten Lastenverteilung halber betont - spielt letztlich der Patient selber. Hotelartiges Wohnen (mit Ostseeblick in den oberen vier Etagen) soll zur Genesung beitragen. Ebenso modern wie die Behandlungsmethoden sind die technischen Einrichtungen des Hauses, die von der Intensivstation bis zur Farbechodoppelkardiographie reichen. Und das heilsame Timmendorfer Ostseeklima als integralen Bestandteil der Kur gibt es gratis dazu.

Ein weiteres - noch dazu eigenes - Timmendorfer Standbein ist das Kurmittelhaus. Dieser Gesundbrunnen bietet sich an für ambulante Vorsorge- und Rehabilitations-Kuren mit den Indikationen Kreislauf, Bewegungsapparat, Atemwege, Kinder-, Frauen- und Hautkrankheiten sowie allgemeine Schwäche. Er feierte im Sommer 2001 seinen 10-jährigen Geburtstag. Timmendorfer Strand ist froh darüber, dass man seinerzeit nicht nach dem Spitzenbedarf gebaut, sondern eine "kleine Lösung" gewählt hat. Ein Haus der kurzen

Wege, sonst wäre das jährliche Defizit wohl noch höher. Vermeiden ließ es sich wegen der drastischen Kosteneinsparungen im Gesundheitswesen nicht. Nun sind Ideen gefragt, wie man auch das privat zahlende Kurpublikum an den hier so appetitlich gefüllten Trog bringt. Schnupperangebote, ein Wohlfühl-Pass sowie die neu eingerichtete Außenstelle der Rheuma-Liga sind erste Ansätze. Leider hat die idyllische Lage des Kurmittelhauses mitten im Kurpark auch zur Folge, dass mancher Urlauber wieder abreist, ohne es gesehen zu haben. Dabei braucht sich der Katalog der professionellen Anwendungen wirklich nicht zu verstecken. An Engagement und Kompetenz des Fachpersonals fehlt es ebenfalls nicht.

Fast ganz im Verborgenen - am äußersten Rande Niendorfs - blüht das von Franziskanerinnen geleitete Sanatorium und Kurheim St. Johann. Es ist auf Mutter-Kind-Kuren eingestellt und wird von den Ordensschwestern nach christlichen Wertvorstellungen geführt. Aufgenommen werden bis zu 100 Mütter und Kinder. Indikationen und Anwendungen des anerkannten Sanatoriums sind ähnlich wie bei den anderen Instituten am Ort. Zu dem schönen Anwesen am Ortsrand führt eine ruhige dörfliche Allee, so ganz anders als die Strandallee in Timmendorf. Das Hauptgebäude ist ein gemütlich wirkender Walmdachbau mit aufgesetztem Zwiebeltürmchen, daneben ein modernerer Anbau. Vor der Anlage liegt ein eigener Strandabschnitt. Dahinter beginnen gleich die hügeligen Rapsfelder hinauf zur "Hermannshöhe" bei Brodten.

Fährt man von besagtem Ortsausgang Niendorf mit dem Auto nicht nach Brodten, sondern - über die Bäderrandstraße hinweg - in Richtung Häven, so findet man sich zunächst auf einer wunderbaren alten Lindenallee. An dieser steht kurz hinter Niendorf ein Schild: "Willkommen in der Gemeinde Ratekau". Fast wie ein Vorwurf, wenigstens wie eine Anzüglichkeit klingt das - wenn man an die Entstehungsgeschichte von Timmendorfer Strand denkt. Rechts in die Schloßstraße abbiegend, gelangt der Autofahrer sodann zur Privatklinik Schloss Warnsdorf. Einem englischen Landsitz nachempfunden, liegt dieses stilvolle Haus

Innenleben

Die aufwändige Technik des Kurmittelhauses hat seinerzeit allein die Hälfte der Gesamtkosten verschlungen. Dem Besucher fällt die frappierende Sauberkeit der weiß gekachelten Räume in den "Katakomben" des Untergeschosses auf, voller Kessel, Leitungen und Armaturen. Schließlich unterliege man dem strengen deutschen Arzneimittelgesetz, erläutert Harry Paskowski, Technik-Verantwortlicher der ersten Stunde: Haupt-Heilmittel für die Anwendungen ist das Ostseewasser, das aus 1,5 Meter Wassertiefe mit 600 Meter langen Leitungen herangepumpt wird. Messungen des Salzgehaltes zeigen übrigens bei Westwind deutlich höhere Werte als bei Ostwind - weil dann mehr Nordseewasser zufließt. Das Wasser muss vor Verwendung penibel aufbereitet werden. Im großen Badebecken geht es dann trotzdem nicht ohne etwas Chlor. Völlig keimfrei aber werden die Wannenbäder gehalten: durch eine UV-Anlage. Nach Benutzung geht das ganze Wasser, nochmals gereinigt, sauber wieder ins Meer zurück. Und der Techniker, immer mit einem Reinigungstuch in der Hand, nennt noch das Moor als zweitwichtigstes Heilmittel. Es stammt aus Bad Schwartauer Vorkommen und wird in 40 Grad warmen Ganzbädern verabreicht. Das ist für die meisten so kreislaufwirksam, dass den Badenden ein Herzkühler auf die Brust gesetzt wird - es soll ja keine Kundschaft für die Curschmann-Klinik geschaffen werden.

Privatklinik Schloss Warnsdorf.

ausnehmend schön am leicht ansteigenden Ufer des Hemmelsdorfer Sees - es könnte einem Rosamunde-Pilcher-Film entstammen. Sein acht Hektar großer Schloßpark mit den vielen Rhododendren ist ein romantischer Landschaftsgarten. Nicht weit entfernt entsteht ein neuer 18-Loch-Golfplatz. Die Klinik hat sich vor allem auf Heilfasten spezialisiert, bietet aber auch andere Naturheilverfahren - und natürlich verstärkt „Beauty & Wellness". Ihrem gediegenen Äußeren sieht man die modernen medizinischen und physiotherapeutischen Einrichtungen nicht an; auch Schwimmbad und Tennishalle werden geboten. Schade eigentlich, dass das vornehme Haus nicht zu Timmendorfer Strand gehört. Ein richtiges Schloss fehlt nämlich noch.

Es gibt ein Leben neben dem Baden

Promenieren und Shoppen

In einer Beziehung auf jeden Fall ist Timmendorfer Strand seit vierzig Jahren unverändert. Seit nämlich 1962 das verkehrsfreie Kurzentrum geschaffen wurde gibt es die Kurpromenade als Flanierboulevard. Seitdem muss jeder Timmendorfbesucher hier einmal entlanggeschlendert sein - und wenn sein Aufenthalt nur eine Stunde währt. Manch einer soll sogar nur deswegen herkommen.

Ihr Aussehen freilich hat sich mehrfach geändert, zuletzt mit der gelungenen Neugestaltung im Jahr 1999. Ein bisschen Jungfernstieg, ein Hauch von Kö schwingt hier mit. Und an schönen Sommerabenden wird die Promenade regelrecht zu einer italienischen Passeggiatta.

Den Großstädter entzückt diese geschäftige Gelassenheit unter dem stimmungsvollen Grün der Parkbäume, den Besucher aus der Provinz beschleichen Neidgefühle ob des lässig urbanen Stils des Ganzen, und die vom Lande kommen aus dem mühsam unterdrückten Staunen nicht mehr heraus.

Nur konsequente Konsum-Verächter meiden diesen „Lifestyle-Strip“ (sie brauchen ja auch die Strandpromenade weiter vorn an der See gar nicht zu verlassen). Alle anderen aber werden unweigerlich Opfer der flankierenden Schaufenster oder Tresen - sei es nun bloß mit den Augen, mit dem Mund oder gar mit der Kreditkarte. An Verlockungen fehlt es jedenfalls nicht. Die Ostsee kann warten.

Versuchungen

Eine ausgesprochene Adressenlage, wie die Immobilienmakler sagen, ist diese Kurpromenade. Juwelen/Uhren sind hier gleich mehrfach besetzt. Im Kurort hat das Geld auch einmal Zeit - zum Aussuchen. Die Preisschilder reichen bis zur fünften Stelle, zuweilen heißt es auch "Auf Anfrage". Nachts wird das Allerwertvollste aus den Fenstern genommen - aus Versicherungsgründen. Noch etwas höher im Preis liegen die meisten Immobilien, verlockend fotografiert in Maklerschaukästen. Auch hier können Zeitvorrat und Erholungszustand timmendorf-euphorisierter Urlauber spontane Wünsche auslösen; erforderlichenfalls sind diverse Geldinstitute vorhanden. Ganz eindeutig in der Mehrheit ist natürlich die Textilbranche. Irgendetwas anzuziehen braucht man oder frau ja immer, und erst recht die Kids sollen ja nicht werweißwie herumlaufen. Fast alle Luxusmarken sind vertreten. Sonderangebote finden sich das ganze Jahr, und da die Ladenmieten zwar hoch, aber (noch) nicht auf Hamburger oder Düsseldorfer Niveau sind, können die Abschläge durchaus interessant sein. Außerdem darf ja jetzt gefeilscht werden. Eine feste Preisbindung dagegen hält sich bisher im Buchhandel - vielleicht deshalb hat sich der "Belletrist" auf dieser teuren Meile halten können. Die Versuchungen, die die Inhaberin hier so kompakt wie reichhaltig auf kleinem Raum unterbreitet, sind eher geistiger Natur.

Am Ende - oder ist es der Anfang? - der Promenade öffnet sich das Rund des Timmendorfer Platzes. Schon um das Jahr 1900 bildete sich dieser Ortsmittelpunkt an der Einmündung der Bergstraße in die Strandallee heraus. Dort sind drei der damaligen Häuser - in der Bäderarchitektur jener Zeit - noch heute gut auszumachen, trotz der inzwischen neu vorgesetzten Ladenzeile im Parterre. Wo jetzt der moderne Überlaufbrunnen plätschert, stand bis in die 1960er Jahre - damals mitten auf einer Straßenkreuzung - eine recht dominierende Normaluhr. Und beinahe immer schon gab es das "Olgaheim", das spätere Rathaus, das heute zur Kurverwaltung mutiert ist. Relativ neu, aber inzwischen gar nicht mehr wegzudenken, sind dagegen die Cafés an der Nordostseite des Platzes. Auf sie kommen wir noch zu sprechen.

Wohin der Bummel nun auch fortgesetzt wird - in engem Kreis um den Timmendorfer Platz findet sich fast alles, was das ausgabefreudige Urlauberherz begehrt. Allein drei Einkaufspassagen - angenehm an Regentagen - mit Supermarkt, Sportartikeln, Kleidung und Lokalen. Dann Apotheken, Drogerien, Parfümerien, Frisiersalons, ein Fotoladen - sowie unzählige Modegeschäfte, eines davon mit dem beziehungsreichen Namen Seefluth. Zur Verfügung stehen gleich mehrere Handyshops (die auch schnell wieder verschwunden sind), man kriegt Leckereien und Presseerzeugnisse. Die weltbekannten Logos haben ihre feinen Lädchen ebenso wie der Antiquitätenhändler seinen Ausstellungsraum.

Auch ein Fischgeschäft findet dazwischen noch Platz, und Eisstände passen in das kleinste Eckchen. Außerdem immer wieder Restaurants aller Art. Reicht das Parterre dort nicht aus, so wird der Gast in den „First Floor" weitergereicht. Bei schlechtem Wetter kann man in Sonnenstudios fliehen, und für gänzlich Unzufriedene bieten sich sogar reale Fluchtmöglichkeiten über ein Reisebüro an.

Beinahe alles eben wird geboten, kompakt und zentral. Kaufkraft und Nachfrage konzentrieren sich hier. Einige wollten den schon beruhigten Autoverkehr ganz aus diesem Quartier verbannen. Doch die Geschäftsleute haben für den Status quo gekämpft und - bei einem Bürgerentscheid im Jahr 2001 - erst einmal gesiegt. Sie preisen die vielen zentrumsnahen kostenlosen Parkplätze sowie ihren eigenen unübertrefflichen Service. Manche Zufahrtsstraße könnte allerdings inzwischen mal wieder einen neuen Belag vertragen. Ganz abgesehen von der dreisten Höhe der Bodenschwellen in den 30 km/h-Zonen, die eigentlich höchstens 10 Stundenkilometer zulassen. Vielleicht ist das aber ja so gewollt.

Was die Gemeinde nicht so gerne hat, sind Marktveranstaltungen aller Art, wie sie sonst allenthalben aus dem Boden schießen. So etwas passt nicht zu Timmendorfer Strand, meint man, und gibt deshalb keine Genehmigungen. Etwas anderes ist es mit dem Wochenmarkt für die Marktleute aus der Umgebung. Und weitere hochoffizielle Ausnahmen sind seit ein paar Jahren "Fischers Wiehnacht" am Niendorfer Hafen und kurz darauf der glitzernde Weihnachtsmarkt rund um den Timmendorfer Platz.

Jenseits des etwa 800 Meter langen Zentrums gibt es dann noch zwei wichtige Adressen. Vor allem für jene, die länger (oder auch ganz) hier wohnen. Einmal "Famila", der Hyper-Markt am Höppnerweg, sehr autofahrerfreundlich direkt beim Großparkplatz "P2" (hier übrigens auch - jeden Mittwoch und Samstag vormittag - der Wochenmarkt). Was die Ostsee-Therme für Schwimmer, ist Famila für Käufer: weites Einzugsgebiet, umfassendes Angebot, nette Atmosphäre. Und gleich daneben, unauffälliger, kleiner, doch ebenso bekannt, Aldi. Dort beginnt man jetzt mit einem Erweiterungsbau. Weitere "Kaufkraft auf die grüne Wiese" aber hätte die Gemeinde nicht so gern - mit Rücksicht auf die Attraktivität ihres Geschäftszentrums.

Fast jeder Wunsch wird erfüllt im Timmendorfer Zentrum.

Liberalisierung

Ein großes Plus der ganzen Timmendorfer und Niendorfer Geschäftswelt soll nicht verschwiegen werden. Vom 15. März bis 31. Oktober gilt (wie auch anderenorts an der See) die so genannte Bäderregelung für die Ladenöffnungszeiten: Werktags darf dann bis 20.30 Uhr, sonn- und feiertags von 11 bis 18.30 Uhr verkauft werden! Noch lieber wäre es allen Interessierten, wenn das ganzjährig erlaubt wäre. Dann könnte man auch in der schwächsten Saisonzeit mehr verkaufen. So aber wird jedenfalls der erste Offene Sonntag im März herbeigesehnt und dann mit lautstarken "Aktionen" ein kommerzieller Saisonstart inszeniert.

Die beiden Supermärkte sind vielleicht die einzigen Adressen, derentwegen sich ein Niendorfer (Kurgast oder Einwohner) nach Timmendorf bemühen müsste. Alles andere gibt es in Niendorf selbst - bis auf die noblen und teuren Boutiquen. Aber gerade das ist für manche Grund genug, um zum eingefleischten Niendorf-Urlauber zu werden. Neben der Trumpfkarte Fischereihafen, versteht sich. In seiner Umgebung gibt es vor allem Fischiges und Restaurants - und eben „Ambiente".

Ein eigentliches Geschäftszentrum hat sich in Niendorf bisher nicht so deutlich kristallisiert. Am meisten "los" ist auf der Strandstraße (von historischem Wert war dort allerdings die Zapfsäule einer früheren Tankstelle, die lang Zeit noch einen Literpreis von 67,9 Pf anzeigte.) Frischen Schub soll die neue große "Residenz Johannsen´s Kurhotel" mit ihrem Gastronomiebereich bringen. Ihr Bau geht mit der in Gang gekommenen Neuformierung eines Niendorfer Zentrums einher. Das erforderliche Publikum kann die neue Wohnanlage gleich selber liefern. Denn auf dem "historischen" Grund von Badewirt Johannsen´s Hotel entstanden in zwei Häusern über vierzig Apartment-Wohnungen. Dazu kommen die Bewohner eines strandnahen Neubaugebietes an der Ostseeallee.

Das leibliche Wohl

Schon beim Shopping mit seinen vielen Möglichkeiten sind wir am laufenden Band auf Cafés, Restaurants, Imbisse, Schlemmerlokale, Stehausschänke, Bistros und Kneipen gestoßen. Ein Gesamtüberblick verbietet sich, doch der vorsichtige Versuch einer Auswahl soll gewagt werden. Ihre Stammlokale müssen Gäste und Leser in jedem Falle selber finden.

Am einfachsten ist die Wahl - folgt man den Gastronomieführern - noch bei den Spitzenrestaurants:

• Das renommierteste (und zugleich älteste) ist die „Orangerie" im Maritim Seehotel. Sie allein hat den begehrten Michelin-Stern. Ihr Ruhm ist das seit vielen Jahren gleichmäßig hohe kulinarische Niveau und die umfangreiche Weinkarte.

• Direkt nebenan liegt das „Kleine Landhaus" des Hotels Landhaus Carstens, das neben der lobenswerten Küche auch durch seinen Service und die Intimität der dezent modernen Räumlichkeiten beeindruckt.

• Und nur wenige Schritte ist es von dort bis in die umgebaute Gleiß-Kate, wo mit „Dobler´s Restaurant & Bistro" ein weiteres First-Class-Restaurant entstanden ist (die Inhaber, Josef und Marianne Dobler, führten früher den ebenfalls hochgelobten „Zander" im Ortsteil Hemmelsdorf).

Nicht mit Sternen oder Kochmützen sind die Restaurants ausgezeichnet, die von den großen Hotels im Ort unterhalten werden, in Timmendorf - schon

Gastronomie in stilvoller Umgebung: „Villa Röhl" (l.) und „Landhaus Carstens" (r.).

quantitativ - allen voran die beiden Maritims und das Seeschlösschen: leistungsfähige Küchen des oberen Segments, die vielleicht keine absoluten Spitzenansprüche erfüllen, aber auf jeden Fall die große Zahl ihrer nicht anspruchslosen Gäste als tägliche Kritiker zufrieden stellen müssen. Groß heraus kommen sie vor allem bei Gesellschaften, bei den beliebten Buffets oder beim Brunch. Dann können sie das ganze Register ihrer kalten und warmen Kreationen ziehen.

Von den Restaurants der kleineren Hotels seien - wegen ihrer Besonderheiten - nur drei erwähnt:

• Zunächst die „Villa Gropius", die mit ihrem Nachbarhaus, der „Villa Röhl" ein einzigartiges Bau-Ensemble der ganz frühen Timmendorfer Zeit bildet (auf die entstehende Dependance aus dem 21. Jahrhundert darf man gespannt sein). Besonders sehenswert im historischen Prachtbau: eben der Speisesaal.

• Im Hotel Holsteiner Hof ist es der „Bierlachs", der mit seinem Kirchen-Interieur zunächst etwas befremdet, dann aber zeigt, wie gut altdeutsche Küche heute schmecken kann (zudem verfügt man mit Oberkellner Lahn über ein Exemplar einer anderswo schon ausgestorbenen Spezies).

• Und schließlich, im ländlichen Groß Timmendorf, der „Fuchsbau", ein echtes Land-Haus, das für seine Wildgerichte bekannt ist.

In Niendorf sollen bei den Hotelrestaurants das vielseitige „Friedrichsruh", von dessen Speisesaal, Wintergarten oder auch Terrasse Lübecker-Bucht-Blick total geboten wird, und der leistungsfähige „Yachtclub", das größte Hotel des Ortsteils, genannt werden.

Unüberschaubar ist die Menge der reinen Restaurants. Wirklich schlechte gibt es nicht (oder höchstens für kurze Zeit), und so wird die Entscheidung sowieso

Fisch steht immer im Mittelpunkt: Die „Fischkiste“ (o.) und das „Alte Zollhaus“.

meist anhand der Speisekarte und ihrer Preisspalte getroffen werden. Belassen wir es deshalb bei einer - aber schon beinahe willkürlichen - Auswahl für Niendorf, das sonst ja manchmal etwas kurz kommt:

• „Peemöller´s Restaurant“, direkt neben dem Hafen, gibt sich unter seinem hübschen Mansard-Dach innen ganz aktuell toskanisch. Der großzügigen Sitzanordnung (die Terrassenplätze sind leider direkt an der Straße) entspricht die liebevolle Dekoration der Speisen auf den Tellern.

• Viel enger, aber wirklich gemütlich geht es im (neuen) „Alten Zollhaus“ draußen an der Hafeneinfahrt zu. Es ist eigentlich das Clubhaus des Segler-Vereins, und kaum ein neueres Gebäude in Niendorf ist außen so gut geraten wie dieses kleine Holzbauwerk mit seinen Anklängen an Skandinavien. Drinnen am Tisch wird möglicherweise vor lauter See- und Hafenperspektiven das Essen kalt - meist wohl ein Fischgericht.

• Auf Meeresfrüchte spezialisiert ist die traditionsreiche „Fischkiste“ an der Strandstraße. Mit sommerlichem See-Blick von der Terrasse schmecken sie natürlich auch besonders gut. Spezialgaststätten wie diese tragen zu der (wahren) Legende von der Überlegenheit der norddeutschen Fischzubereitung bei.

• Und um die Reihe der anspielungsreichen Namen im Ort zu erweitern, sei schließlich noch das „See-Restaurant und Café Süfke & Witzig“ neben dem Hallenbad genannt.

Den typischen Timmendorfer Gast aber zieht es schließlich immer wieder zu seiner Kurpromenade. Besonders auch für den kleinen Snack oder einen Drink zwischendurch - und das zu jeder Jahreszeit. Dafür bieten sich nicht zuletzt die neuen kleinen Bistros und Bars in und vor jenen Stadthäusern an, die von 1995 bis 2001 in gemäßigt postmoderner Bäderarchitektur entlang des blauen Wasserbandes und der Brunnen entstanden sind. Gegen Sonne und leichten Regen gleicherweise schützen dort große Schirme; zur inneren Anwendung werden je nachdem Eisbecher oder Grog empfohlen.

Die Speise- und Getränkekarte, bitte!

Auf den Timmendorfer Speisekarten überschneiden sich Tradition und Innovation, Internationales und Regionales, Qualität und Rentabilität, Grand Cuisine und Convenience Food aufs Unübersichtlichste. Fängt man mit dem Einheimischen an, muss das Produkt Fisch an erster Stelle genannt werden. So gibt es in der Gemeinde eine ganze Reihe von guten spezialisierten Fischrestaurants. Und bei den meisten anderen stehen Meeresfrüchte auf den Speisekarten ganz vorne - Scholle, Dorsch und Matjes obenan. Wozu hat man schließlich einen eigenen Fischereihafen mit (allerdings bescheidenen) "zappelfrischen" Anlandungen? Muscheln und Krabben kommen von der Nordsee, Lachs meist aus norwegischen Aquakulturen.

Auch Süßwasserfisch ist natürlich zu haben. Überwiegend stammt er von Zuchtbetrieben in der Nähe, mit etwas Glück vielleicht sogar aus dem Hemmelsdorfer See. (Im Winter findet sich auf manchen Karten auch noch Karpfen.) Aus Schweden kommt die Mode der Flusskrebse. Sie werden, am besten in größerer Runde, in beträchtlichen Mengen vertilgt, was ohne Schnaps angeblich nicht gehen soll. Eigentlich schon mehr Fleisch als Fisch ist das ganz und gar traditionelle Lokalgericht Labskaus. Vor dem ehemaligen Seemannseintopf graust es manchen Auswärtigen allerdings schon beim Betrachten.

Der Verzehr von Fleisch hat sich nach den diversen Krisen wieder normalisiert. Selbst die risikomaterialverdächtige Brühwurst zum Grünkohl - dem winterlichen Traditionsessen - wird wieder bestellt. Ganz neue Exotika wie Strauß und Känguruh sind aber hinzugekommen und werden sich wohl halten. Geflügel, weit voran Ente, ist unverändert beliebt. Die Weihnachtsgans könnte eventuell in Klein Timmendorf aufgewachsen sein. Ein besonderes Schmankerl der kalten norddeutschen Küche ist Holsteiner Katenschinken. An den guten schleswigholsteinischen Wurstwaren hat Timmendorfer Strand selbst seinen Anteil.

Hinterher gibt es fast immer Käse, wozu das Umland ebenfalls quantitative und qualitative Beiträge leistet - neuerdings sogar durch eine Käsestraße Schleswig-Holstein verbunden. Und der Kindervers "Liegt der Löffel oben quer, gibt es noch was hinterher" kann hier oben einzig zur Roten Grütze hinleiten, der ultimativen Nachspeise.

Was die Getränke angeht, so war von einem in Norddeutschland immer noch lebensnotwendigen Produkt schon die Rede, dem Schnaps. Mag er denn Korn, Köm (Kümmel) oder Weizen heißen: Ein Klarer gehört zum kräftigen Essen. Er schmeckt aber auch einfach so zum Bier. Womit wir bei der wichtigsten Flüssigkeit angekommen wären. Unübersehbar die Menge der Marken (einen Eindruck vermittelt der Getränkemarkt des "Famila"), unversöhnlich zerstritten deren jeweilige Anhänger. Aber der Bieranteil sinkt kontinuierlich.

Wein dagegen wird von Jahr zu Jahr beliebter. Eine gewisse Minimal-Kennerschaft für den trendigen Rebensaft gehört heute unbedingt dazu, liegt auch der nächste Weinberg fast 500 Kilometer entfernt. Dort kostet der gleiche Schoppen allerdings nur halb so viel wie in Timmendorf. Am stärksten jedoch wächst der Marktanteil der nichtalkoholischen Getränke. Selbst wenn die Timmendorfer Polizei nicht in dem Ruf allergrößter Strenge steht - der Auto fahrende Restaurantbesucher sollte dem Trend zur Abstinenz folgen.

Für viele der schönste Platz in Timmendorf: Der Caféstuhl.

Cafés für Voyeure

Eine auffällige Café-Welt hat sich am Timmendorfer Platz etabliert. Nach der (zweiten) Verkehrsberuhigung und dem Bau des Brunnens vor dem Rathaus sind die Terrassen der dortigen Cafés - in Wirklichkeit sind es Bistros - noch größer geworden. Sie gehen ineinander über und haben mit ihren riesigen Markisen jetzt fast Kudamm-Format.

Schon vormittags kommen die ersten Gäste, mittags wird es voller, und zur Kaffeezeit sind diese Aussichtsplattformen besetzt. So geht es fast das ganze Jahr über, denn auf den Westterrassen liegt auch noch der letzte nachmittägliche Sonnenstrahl, gegen kühlen Seewind sitzt man geschützt, und zur Not tun es die Propangas-Heizstrahler mit ihrer wohligen Oberwärme. Für das Defilee der Flaneure auf der Promenade und der Cabrios auf der Allee werden kalte Beine in

Kauf genommen. (Dagegen wirkt die Hochzeitsgesellschaft mit dem Brautpaar auf der Freitreppe des alten Rathauses gegenüber, wo gleich die Trauung stattfinden wird, geradezu herzerwärmend.) Zur Not kann natürlich auch drinnen Kaffee getrunken werden:

• So sitzen zum Beispiel im „Café Fitz“ manchmal die lokalen Geschäftsleute in vertraulicher Vormittagsrunde und legen die Strategie für die nächsten Aktionen fest.

• „Engel´s Eck“ daneben ist - man kann sich denken weshalb - zum "Café Wichtig" ernannt geworden.

• Noch eins weiter die Stühle und Tische des italienischen „Eis-Cafés Tonegutti“, das aber bei Insidern nicht akkreditiert sein soll.

• Und eine regelrechte Café-Meile ist dann neuerdings durch Mövenpick und Leysieffer an der Kurpromenade entstanden.

• Dagegen ist „Café Marleen“, ein Stück weiter an der Strandallee, ein traditioneller Meilenstein, den jeder Timmendorfer kennt - nicht zuletzt wegen der guten Brötchen am Morgen.

Abteilung Veranstaltungen

Selbst wenn man nun Baden, Kuren, Einkaufen, Essen und Trinken zusammen nimmt, ist das den heutigen Freizeitathleten noch zu wenig. Viel zu wenig. Deshalb muss mehr geboten werden, und es wird in Timmendorfer Strand bedeutend mehr geboten. Hinter den meisten größeren Veranstaltungen steckt der Kurbetrieb, der dafür eine eigene Abteilung unterhält. Dort, bei den Damen im ersten Stock des alten Rathauses, steht das Telefon selten still. Das ganze Jahr über, denn vieles muss von langer Hand vorbereitet, abgestimmt, gebucht, organisiert werden.

Mit dem Renommee Timmendorfs wuchernd, kann es auch einmal gelingen, Literaturnobelpreisträger Günter Grass zu einer Lesung im Rahmen der "Kulturmeile" zu gewinnen. Viel Erfahrung gehört zu diesem Geschäft, das möglichst nicht zur Routine werden soll. Ideen und Engagement, Weitblick und Gespür sind wichtig. Nachfrage, Trends und die eigenen Möglichkeiten müssen zur Deckung gebracht werden.

Doch auch andere sind beteiligt, wenn es um den Kranz der großen Jahresereignisse geht. Neben der Gemeinde sind es vor allem die Geschäftsleute, die Hoteliers und die Vereine. Sehr rührig ist die Aktivgruppe für Handel und Gewerbe unter ihrem Chef Heinz Meyer. Mit Aktionen wie der Saisoneröffnung und dem Weihnachtsmarkt macht diese Interessenvertretung der Einzelhändler immer wieder auf sich aufmerksam. Die Programme der Großhotels können sich immer noch sehen lassen. Vor allem im Winterhalbjahr halten sie durch Bälle und Konzertveranstaltungen den schwächer gewordenen Lebensstrom des Bades mit aufrecht.

Um Musik und junge Leute geht es im „Nautic Club“, der angesagtesten Disco im Ort. In dem ehemaligen Kinosaal am Timmendorfer Platz besteht das allnächtliche Programm (nur im Winter wird etwas gedrosselt) aus lautstarker Musik, Tanz und Drinks. Last but not least die örtlichen Vereine: Ihr Verzeichnis umfasst 66 Organisationen und reicht vom Automobilclub Ostsee bis zum Verein Niendorfer Fischer.

Wo gesungen wird ...

Etwas ganz Besonderes bietet das Seehotel der Maritim-Gruppe, bereits zum wiederholten Male, im Dezember: eine (klassische) Musikwoche für junge Talente. Der von zwei Stiftungen gut dotierte Wettbewerb endet bei einer Abschlussgala mit einem Konzert der Preisträger. Impresario ist der Hamburger Musikhochschul-Chef Prof. Hermann Rauhe, die Schirmherrschaft hatte 2001 die schleswig-holsteinische Ministerpräsidentin Heide Simonis übernommen.

Das Herz von Timmendorfer Strand: Der Brunnen vor dem Rathaus und der Beginn der „Cafémeile".

Publicity muss sein

Getreu der Regel "Tue Gutes und rede darüber" müssen die Werbetrommeln gerührt werden. Daran mangelt es in Timmendorfer Strand nicht.

• Da ist zunächst einmal der opulente 132-Seiten-Prospekt "Entdecken Erleben Entspannen". Grafisch delikat gestaltet, bietet das Werk der Hamburger Agentur „Ideenscout“ von Georg Möller neben einem guten Ortsplan und viel Information vor allem eine imposante Galerie der Timmen(und Nien)dorfer Hotels, Pensionen und Wohnungen. Niendorf legt daneben bisher immer noch ein eigenes Gastgeberverzeichnis auf.

• In den Sommermonaten gibt es dann ausführliche Monatsprogramme (ein Augustheft umfasst 72 Seiten und passt kaum mehr in die Jackentasche); für die Feiertagswochen und zu Ausstellungen werden Extrahefte gedruckt.

• Seit 2001 existiert sogar ein gemeinsamer kleiner Veranstaltungskalender für die ganze Lübecker Bucht - erste Ansätze zu einer Einheitsfront gegen Rügen und Usedom?

• Verschiedene kostenlose Anzeigenblätter halten - versteckt zwischen viel Werbung - über Neuigkeiten auf dem Laufenden, und wer täglich lokal informiert sein will, greift meist zur LN, den „Lübecker Nachrichten“.

Man soll die Feste feiern ...

Eine bunte Kette von Veranstaltungen aller Art zieht sich durch das Timmendorfer Jahr. Es beginnt mit dem "offiziellen" Neujahrsempfang der Gemeinde Anfang Januar in der schönen Trinkkurhalle.

Von der geradezu beschwörenden Saisoneröffnung der Ladeninhaber im März war schon die Rede. Und so geht es danach weiter:

• Mit Osterfeuern (in Niendorf und Groß Timmendorf) und Ostereiersuchen werden die Osterurlauber belohnt.

• Im April glänzt Niendorf mit seinem traditionellen Internationalen Drachenfest, gekrönt von einem Nachtfliegen mit beleuchteten Drachen.

• Das Anbaden an der Timmendorfer Seebrücke gegen Ende Mai - nur etwas für Abgehärtete.

Im Sommer dann ein Höhepunkt nach dem anderen:

• Fast noch ein Geheimtipp (wie das ganze kleine Hemmelsdorf): das Mittsommerfest am Hemmelsdorfer See, bei dem es nach skandinavischer Art zugeht.

• Anfang Juli auf der Timmendorfer Kurpromenade ein stimmungs- und stilvolles Timmendorfer "Fest der Sinne" mit Cuisine und Kunst .

• Ende Juli/Anfang August der traditionsreiche „Ostsee-Cup“, ein großes Tennisturnier auf den Plätzen im Kurpark.

• Dezenter dagegen das Schleswig-Holstein-Musik-Festival, das 2001 erstmals auch in Timmendorfer Strand gastierte.

• Und zum Saisonabschluss im September noch einmal eine bunte Kultur-Schau auf der Kurpromenade.

Immer stärker im Kommen schließlich ist in den letzten Jahren der Dezember:

• In der Adventszeit ein paar Tage stimmungsvolle „Fischers Wiehnacht“ rund um den Niendorfer Hafen.

• "Timmendorf strahlt“ in der Vorweihnachtszeit mit 40000 Lichtern: gekonnte Festbeleuchtung im ganzen

Die dritte Dimension: Internationales Drachenfest in Niendorf.

Niendorfer Hafentage

Dieses verlängerte Wochenende in der Hochsaison ist der turbulente Niendorfer Saisonhöhepunkt! Vom Eintreffen der Seenotrettungskreuzer am Freitagmorgen bis zum Höhenfeuerwerk am späten Sonntagabend wird jedem etwas geboten.

Schiffsbesichtigungen, viel Kunsthandwerk, Life-Musik auf der Show-Bühne, Aktivprogramme für Kinder, Hafengottesdienst und vor allem Fisch in allen Zubereitungsarten - das ist das Spektrum dieser drei tollen Tage, die alle Sinne ansprechen. Gute Laune ist garantiert, die schlanke Linie nicht.

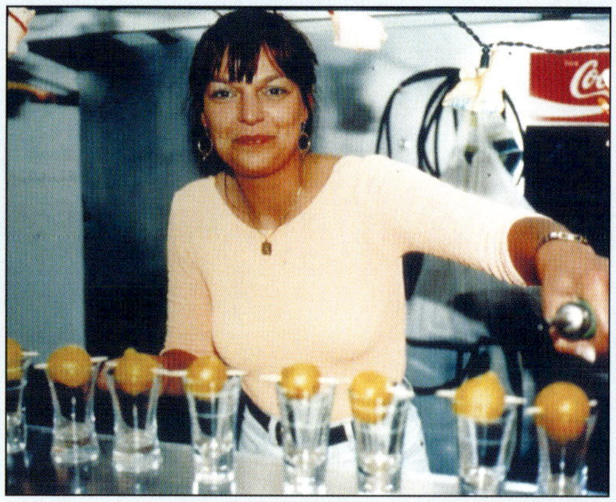

Ort und ein intimer einwöchiger Weihnachtsmarkt am Timmendorfer Platz, gestiftet und organisiert von den Unternehmern und Gewerbetreibenden, mit Buden, Bands - und auch Besinnlichkeit.

• Schlusspunkt: die schon klassische Silvester Beach Party an der großen Seebrücke. Dröhnende Open-Air-Disco und das obligatorische Feuerwerk beschließen das Jahr.

Dann aber kommt erst einmal das große Atemholen für die nächste Saison ...

Die zugefrorene Timmendorfer Bucht im Licht der kalten Wintersonne.

Timmendorf im Winter

Wenn die Herbstferien im letzten Bundesland vorbei sind, Anfang November also, beginnt die ruhige Zeit des Jahres. Es sind oft melancholisch graue, manchmal auch überraschend sonnige und milde Wochen; knackige Kälteperioden mit Schnee und zufrierender Ostsee sind (leider) seltener geworden. Jedenfalls eine Zeit des Durchatmens für Hoteliers und Vermieter, für Gastronomen und Geschäftsleute, für Kurbetrieb und Einwohner - zugleich aber auch eine Phase des Renovierens und Erweiterns, des Pläneschmiedens und der neuen Anfänge.

So angenehm diese Pause indessen sein mag - eigentlich soll sie nach Möglichkeit verschwinden, denn sie kommt im Grunde ungelegen. Sie kostet Geld, sie bringt keine Umsätze, sie ist langweilig. Ganzjahressaison, so lautet das Ziel seit langem, ein Ziel, dem man schon ein gutes Stück näher gekommen ist.

Winterszenen in Timmendorf: Von Schnee und Eis verzaubert.

Die wundervolle Timmendorfer Strandpromenade im Winter - und sechs Monate später.

So erfreut vor allem eines den heutigen Wintergast in Timmendorfer Strand: Es ist alles geöffnet! Denn nur weniges ist für den gutwilligen Wintertouristen abschreckender als "Geschlossen"-Schilder und zugeklebte Schaufenster. Alle größeren Hotels und Pensionen sowie die meisten Apartmenthäuser in Timmendorfer Strand sind in Betrieb, viele allerdings mit knappem Personal. "Belegt"-Hinweise sind freilich kaum irgendwo zu sehen. Höchstens ein kurzer Betriebsurlaub wird, so unauffällig wie möglich, in diesen Wochen untergebracht, oder man nimmt eine kleine Auszeit für den notwendigen Umbau. Auch kein einziger der vielen Einzelhändler im Zentrum hat geschlossen - bei allerdings normalisierten Öffnungszeiten. In den Cafés bekommt man wieder einen Fensterplatz, in den Hallenbädern ist freie Bahn, und nur im Sea Life herrscht Andrang wie immer.

Für die notwendige Grundauslastung müssen in diesen Wintermonaten die eigenen Einwohner, die Zweitwohnungsteuer zahlenden Halb-Einwohner sowie eben die allmählich zahlreicher werdenden Wintergäste sorgen. Denen bietet der Kurbetrieb die "Winterserenade" und andere Veranstaltungen, die Hotels bemühen sich mit Bällen, Fackelwanderungen und Tanztees, und die Geschäftsleute locken mit "Aktionen" aller Art. Jeder gibt sich noch mehr Mühe als sonst. Auch die Jüngeren und die Sportfans kommen im Timmendorfer Winter zumindest zeitweise auf ihre Kosten. So hat der "Nautic Club", die renommierte Disco, am Wochende geöffnet, und fast genauso laut wie dort geht es bei den abendlichen Punktspielen des Timmendorfer Eishockey-Clubs zu.

Im Übrigen bedarf es all dieser Ablenkung in diesen kühlen Wintermonaten nicht unbedingt. Wanderungen an der Aalbeek, zum völlig sich selbst überlassenen Hemmelsdorfer See oder im Buchenhochwald des Wohld vermitteln eine Vorstellung davon, wie es früher einmal gewesen sein könnte. Einsame Strandspaziergänge in klarer Winterluft bringen Lunge und Gemüt wieder in Ordnung.

Auch die Fischerboote haben jetzt Winterruhe.

Wer dann an der Timmendorfer Seebrücke - völlig ungestört - beobachtet, wie ein paar Möwen einem Kormoran dessen soeben erbeutete zappelnde kleine Scholle in einem Luftkampf wieder abjagen, der kann sich beinahe wieder eins mit der Natur fühlen. Und auf Seiten des Schwächeren, denn die kreischenden Seevögel sind so gierig und zerstritten, dass der Fisch ihnen entwischt und sein Leben im freien Fall rettet.

Der Niendorfer Hafen: Skulpturen („Lauscher" und „Rufer"), Schiffe und Fischer.

Schiffe - Fische - Vögel

Gerade achtzig Jahre alt ist der kleine, 1922 fertig gestellte Fischereihafen in Niendorf. Anfangs ein reines Zweckmäßigkeitsvorhaben, erwies sich die Hafenanlage schon bald als touristischer Anziehungspunkt erster Klasse. Das kompakte Format, die geschützte Lage hinter Strand, Mole, Dünen und Deich sowie die bis heute erhaltene Grundfunktion des Fischereihafens machen den romantischen Fleck zu einem Kernstück des Timmendorfer Touristik-Potenzials. Längst haben zwar die Segler gegenüber den Fischern die Oberhand gewonnen und der zeitweise blühende Schiffsbau ist einem Service-, Ausrüstungs- und Liegeplatzbetrieb gewichen. Aber noch immer wird frischer Fisch aus der Ostsee angelandet und verkauft, liegt Räucherduft in der Luft.

• Durch seinen Ausbau im Jahr 1994 ist er noch einmal attraktiver geworden, hat dabei seinen liebenswürdigen Charakter bewahrt und lädt mehr denn je zu einem Hafenbummel ein. Brücken, Molen und Parkplätze wurden gebaut, Festmacherpfähle erneuert, baufällige Netzbuden abgebrochen.

• Ausgesprochene Großvorhaben mit mehrjähriger Planungs-, Genehmigungs- und Bauzeit: Die Errichtung verschiedener neuer und erweiterter Liegeplatzanlagen für Sportboote und Jollen.

• Und eine Dauerbeschäftigung: Gegen die laufende Versandung durch die Brodtener Strömungen muss immerwährend angebaggert werden.

Neu angesiedelt wurden die Niendorfer Bootsbauerei (klassischer Holzbootsbau) und die Hafenräucherei; seit 1996 gibt es auch eine Hafentöpferei sowie eine Hafengalerie. Aufsehen hatten die schon vorher aufgestellten lebensgroßen Holzplastiken alter Niendorfer Fischer-Typen erregt.

Fischer-Romantik?

So etwas gibt es nur in den Vorstellungen nostalgischer Touristen. Das Metier selber ist und war immer hart. Noch ganze 12 Schiffe fahren heute von Niendorf aus zum Fischen hinaus; in guten Zeiten waren es einmal über fünfzig. Vorsitzender des klein gewordenen "Vereins Niendorfer Fischer e.V." ist Rüdiger Krüger, Mitte vierzig. Mit seinem Schleppnetzschiff "Charlotte", einem der größeren von den zwölf, fährt er täglich selbst auf Fang. Morgens um fünf geht es los, und abends ist erst dann Schluss, wenn alle Arbeit erledigt ist. Meist sieben Tage in der Woche. Urlaub? Da lacht er. Ja, Weihnachten. Und vielleicht dann im Herbst nochmal ein paar Tage.

Den Betrieb hat er vom Vater übernommen. Noch immer gefällt ihm der Beruf, die Selbständigkeit, aber er weiß: die Fischerei stirbt. Auf und ab ging es auch früher schon mit dem Fischfang, sagt er, aber bei den heutigen Preisen wird es immer schwerer. Nur der Dorsch lohnt noch einigermaßen; die begehrten Plattfische (Scholle, Steinbutt) sind da als Beifang mit in den Netzen. Die Heringsfischerei hat Krüger wegen des Preisverfalls praktisch aufgegeben. Nur die Eigenvermarktung, also der Verkauf im Hafen, bringt genügend ein - das macht „dem Fischer sien Fru“. Der größte Teil des Fangs aber muss über die Genossenschaft in Travemünde verkauft werden - eben zu international verdorbenen Preisen (von denen die Verbraucher leider nichts merken). Im Sommer bietet Fischer Krüger seine "Charlotte" dann auch zum Hochseeangeln an. Als Überbrückung in der schwersten Zeit, erklärt er, denn durch Sauerstoffmangel in der Ostsee und wegen der Quallen sind die Fänge dann oft miserabel.

Ein Haus als Welle: Das besondere Aquarium.

Durchblick: Das Sea Life

Eine sehr zeitgemäße Auseinandersetzung mit Meer und Fisch - nämlich die Form des Themenparks - wählte das Sea Life Center aus dem Jahr 1996. Hier wird die Unterwasserwelt der Meere, speziell auch der Ostsee, so anschaulich präsentiert, dass jede reale Betrachtungsweise weit übertroffen wird. Künstlich und kunstvoll arrangiert das Meeres-Ambiente, während der "Inhalt", Meeresgetier und Fauna, echt ist (oftmals aus eigener Nachzüchtung, wie man besorgten Naturschützern versichert). Simulierte Küstenlandschaften mitsamt ihren pflanzlichen und tierischen Bewohnern werden den terrestrischen Besuchern plastisch - und in klarem Wasser - vor Augen geführt. Selbst ein guter Taucher bekäme sie so nie zu Gesicht. Vorträge, Präsentationen und Kurse runden das Programm didaktisch ab. Auch soll das Verständnis für Tier- und Artenschutz geweckt werden. Besonderes Augenmerk gilt den Haifischen, die völlig zu Unrecht so in Verruf gekommen sind. Und einige, allerdings gänzlich harmlose Exoten haben die Timmendorfer besonders in ihr Herz geschlossen: die Seepferdchen - sie sind schließlich ihr Wappentier.

Familie und Fische im Haifischtunnel.

Weit mehr also als ein Aquarium, ist das Sea Life, wie es heute kurz genannt wird, ein Publikumsmagnet geworden. Eine nahezu ununterbrochene Schlange von interessierten und am Ende faszinierten Besuchern zieht durch die Fjord-, Riff-, ja sogar Brandungs-Welten, an "Niendorfer Hafen", Wasserfall und Berührungsbecken vorbei und schließlich, mit einem leichten Schauder, durch den Tiefsee-Tunnel, mitten zwischen Haien, Rochen und Tintenfischen. Selten sieht man heutzutage irgendwo so aufmerksame Kinder wie hier.

Die einzigen in Europa: Jabiruse.

Höhenflug: Vogelpark Niendorf

Thema, Lage, Umgebung, Grundidee - alles ist ganz anders in diesem "natürlichsten Vogelpark Deutschlands". Hier ist wirklich noch Natur, was danach aussieht. Behutsam mit Teichen, Vogelgehegen und reetgedeckten Winterquartieren gestaltet, liegt der Vogelpark mitten im Naturschutzgebiet, das allerdings leider auch Überschwemmungsgebiet ist. In dem regenreichen Winter 2001/2 brachte das größte Schwierigkeiten. In guten Jahren werden auf den rund sieben Hektar Gelände 80000 Besucher gezählt. Zwei beschilderte Rundgänge erschließen den Park und seinen riesigen Bestand. Die Vögel fliegen zum Teil frei herum; manche spazieren zusammen mit den Besuchern über die Wege. Abends sind dann aber alle Parkinsassen wieder da. Für die (wilden) Habichte, die manchmal in großer Höhe interessiert über dem Vogelbestand kreisen, werden extra ein paar Haushühner gehalten, deren Verlust zu verschmerzen wäre (außerdem brauchen die Insassen täglich leider - unter anderem - 3500 Küken-Kadaver als Futter).

Ein Leben für Vögel

1973 in der abgelegenen Aalbeek-Niederung am Rande des Ortes eröffnet, läuft der Vogelpark Niendorf seit 1983 unter der Regie des seit seiner Kindheit vogelbegeisterten Klaus Langfeldt. Der Ornithologe und Züchter hat ihn zu einer der umfassendsten Vogelsammlungen in der Welt gemacht; sein Eulensortiment ist sogar das weltweit größte. Kondore, Adler, Hornvögel, Störche aller Art, Pelikane, natürlich Flamingos, Kraniche, Goldfasane, Reiher, Papageien en masse, Tukane und andere Exoten, ja selbst der (bei Naturschützern notorische) Wachtelkönig - sie alle, und dazu noch jede Menge Kleinvögel fühlen sich hier wohl. Fürs Publikum ersichtlich - und oft auch gut hörbar.

Insgesamt sind 350 verschiedene Vogelarten mit 1300 Exemplaren hier versammelt. Die meisten sind mindestens paarweise vertreten, sodass eine lebhafte, wenn auch für die Pfleger mühsame Eigenproduktion stattfindet. Fast alle seine Tiere kennt Langfeldt aus dem täglichen Zusammenleben genau, viele mit "Rufnamen", und die meisten kennen ihn. Was macht so ein Mann in seinem (knapp bemessenen) Urlaub? Er bereist die fernen Original-Standorte seiner Park-Vögel, besucht fremde Zoos und trifft sich mit Kollegen.

Senioren in Timmendorfer Strand

Alte, Ältere ("ältere Mitbürger"), Senioren, Oldies, neuerdings auch "Selpies" (Second Life People) - schon die Vielzahl der Bezeichnungen zeigt, dass diese Altersgruppe allmählich aus dem Abseits in den Brennpunkt gelangt. Dafür sorgt allein die demographische Entwicklung. Noch hat diese Generation bei uns in Deutschland nicht das herausfordernde Selbstbewusstsein ihrer amerikanischen Alterskollegen. Aber ihre wachsende Zahl und ihre (statistisch) hohen Kontostände lassen sie immer wichtiger werden. Für Politik, Wirtschaft und Werbung, ja sogar für Medien.

Gepflegte Kurorte mit angenehmem Klima - wörtlich und im übertragenen Sinne - sind und waren schon immer beliebte Altersruhesitze. Nur wenige aber konnten sich das früher leisten. Heute ist um die Wohn- und Lebensbedürfnisse der "Alten" im Zuge kräftig gestiegener Einkommen und Vermögen ein großer, vielfältiger und wachsender Markt entstanden. Er reicht vom Seniorenteller im Restaurant über "Betreutes Wohnen" im Wohnstift bis zum Hochschulfach Gerontologie.

Timmendorfer Strand liegt hier gut im Rennen. Nicht nur, weil es ein angenehmer Kurort mit exzellenter medizinischer Betreuung ist. Sondern auch, weil hier das ganze Jahr über viel seniorengerechte Unterhaltung geboten wird.

Und weil es eben auch viele gleichgesinnte, tatendurstige und interessierte Altersgenossen gibt, denen ein erstaunlich großes Angebot an aktiven Betätigungsmöglichkeiten gegenübersteht: von Sport über Wandern, Bridge und Freiluftschach bis hin zu Kulturkreis und Volkshochschule, um nur einige zu nennen. Kein Wunder, dass Anzahl und Anteil der Älteren in Timmendorfer Strand wachsen. "Bei jedem Neujahrsempfang müssen wir mehr Stühle in die Trinkkurhalle stellen", scherzt der Bürgermeister.

Seniorinnen in der Timmendorfer Frühjahrssonne.

Engagiert kümmert sich der "offizielle" Seniorenbeirat der Gemeinde um seine Klienten. Auch die politischen Parteien haben etwas für ihren ehemaligen Nachwuchs übrig. Und ein rüstiger "Seniorentreff Timmendorfer Strand" geht dann schon einmal mit 29 Mitgliedern und zusammen 2198 Lebensjahren auf einen Busausflug. Kontakte und Adressen gibt es an Informationsbörsen wie der Trinkkurhalle, dem Kurmittelhaus oder den großen Cafés, in Börsenblättern wie "der reporter" und "Wochenblick Küste" oder - für die rasant zunehmende Zahl der betagteren Freaks - im Internet.

Schon die Sommersitze der Gründergeneration dürften durchweg älteren Herrschaften gehört haben. Und später, die schöne "erste Reihe"? Kann sich hier (außer vielleicht dem Badearzt) jemand niederlassen, der noch voll im Berufsleben steht? Heutzutage hat sich für Wohnsitze von betuchteren Ruheständlern ein bestimmtes Anforderungsprofil ergeben, dem aber nicht so leicht zu entsprechen ist. Denn groß genug soll die Wohnung schon sein, damit der Umstieg - vielleicht vom großzügigen eigenen Haus - nicht so schwer fällt; neu gebaut wird aber, wegen der hohen Grundstücks-

Das Timmendorfer Wohnstift.

preise, hauptsächlich zwischen 35 und 60 Quadratmetern. Gewünscht wird "barrierefreies Wohnen", also möglichst keine Treppen - oder aber ein Lift. Und Ostseeblick, bitteschön. Aber der ist nun kaum mehr zu haben - oder unbezahlbar. Der Kreis schließt sich: schöner Ort - hohe Preise - reiche Leute ... Doch ganz so schlimm ist es in Timmendorfer Strand nicht. Es gibt an deutschen Küsten teurere Quartiere. Allerdings wohl nicht an der schleswig-holsteinischen Ostküste.

Finale

Jenseits der durchaus noch selbständigen Pensionäre in eigenen Häusern oder Wohnungen gibt es die "pflegenahen Jahrgänge". Die sehen sich denn schon nach Betreuung um. Ihnen wird in Timmendorfer Strand in erster Linie das „Timmendorfer Wohnstift" der Gesellschaft für Wohnen im Alter e.V. geboten. Es wurde 1986 am Wohldkamp erbaut; eine Erweiterung ist geplant. Manche der insgesamt 190 Seniorinnen und Senioren sind hier vollstationär untergebracht, andere genießen vorerst nur die Vorzüge des betreuten Wohnens. Empfohlen wird allen Älteren, die sich mit solchen Gedanken tragen, schon möglichst früh in eine Seniorenwohnanlage zu gehen - um sich dort einzuleben. Das Wohnstift hat eine lange Warteliste. Wer aber lieber so lange wie möglich im eigenen Zuhause bleiben möchte, der findet im Ort mehrere mobile Pflegedienste. Und auch die letzte Stufe der seniorenbezogenen Dienstleistungen ist in Timmendorfer Strand angemessen vertreten: Bestattungsunternehmen. Seebestattungen sind mit im Angebot.

Sport: Klassiker und Trends

Der größte und erfolgreichste Sportverein im Ort ist mit fast 1500 Mitgliedern der Niendorf-Timmendorfer-Sportverein Strand 08 e.V., kurz NTSV Strand 08. Hier ist die Einheit der beiden Ortsteile also einmal vollzogen - die britische Militärregierung hatte nämlich nach der Gründung von Timmendorfer Strand keine zwei Sportvereine in dem Ort zugelassen! Die "Strander", wie sie auch genannt werden, bilden das Rückgrat des Timmendorfer Breitensports. "Sport zum Anfassen" wolle man bieten, sagt Vorsitzender Peter Danzeglocke, aber auch leistungsbezogen soll gearbeitet werden.

Und das geschieht, wie die vielen Siege, Meisterschaften und Rekorde der Aktiven zeigen. So spielt die erste Herrenmannschaft der Abteilung Fußball seit langem in der Verbandsliga, der obersten Amateurklasse des Landes, wo sie sogar zweimal Meister wurde. Ihre Heimspiele locken auch manchen Kurgast auf die "Ostseekampfbahn" an der Poststraße.

Außer Fußball werden aber fast alle anderen Sportarten beim NTSV 08 betrieben: Eigene Abteilungen bilden Tennis, Volleyball, Hockey und vor allem Turnen; als Sparten geführt werden Handball, Faustball, Leichtathletik und Badminton. Besonderes Augenmerk gilt den über 700 Jugendlichen des Vereins. Stolz ist der Klub vor allem auf seine „Handball-Minis", Kinder zwischen fünf und acht Jahren, die Erfolge und großen Zulauf haben. Und einmal im Jahr können sich auch alle Einwohner und Urlaubsgäste aktiv beteiligen: beim Volkswandertag im Oktober.

Fast die gesamte Vereinsarbeit wird ehrenamtlich geleistet, aber trotz allen Engagements der Mitglieder stößt der Verein langsam an seine Kapazitätsgrenzen. Mit zunehmender Freude dagegen wird auf eine neue Halle gewartet, die dann endlich einen kompletten Sportbetrieb möglich machen soll.

Starkes Standbein

Manches ist in diesem Buch schon über den Sport in Timmendorfer Strand geschrieben worden. Schwimmen, Wandern, Radfahren, Joggen - schließlich kann auch fast jede Betätigung am Strand bei etwas gutem Willen hierunter eingeordnet werden. Aber erst eine etwas genauere Beschäftigung mit den örtlichen Sportarten zeigt, dass dieser Sektor eine besonders tragfähige Säule der Timmendorfer Existenz ist - und auch in Zukunft sein soll (von der Gemeinde nach Kräften gefördert). Vollständigkeit kann dabei genauso wenig geboten werden wie etwa im kulinarischen Teil, doch schon die Auswahl zeigt eine eindrucksvolle Sport-Vielfalt.

Der Ostsee-Cup des NTSV 08 ist eines der größten Tennisturniere im Norden: Strahlende Sieger der 18. Veranstaltung im Jahr 2001 präsentieren sich dem Fotografen.

Golfen am Oeverdiek - ein ostholsteinisches Vergnügen.

Golf en vogue

Timmendorfer Strand gehört zu den Golf-Badeorten der ersten Stunde, seitdem bereits 1973 das Maritim Golf- und Sporthotel eine Platzanlage und einen Club aus der Taufe hob. Auf dem Idealgelände am Oeverdiek entstanden damals gleich zwei Golfplätze mit je 18 Löchern: ein turnierfähiger Par-72-Platz und ein kürzerer zweiter Platz (Par 61). Die Anfahrt auf schmalen gewundenen Wegen zwischen Hecken und Baumreihen scheint durch England zu führen und ist schon ein entspannender Vorabgenuss. Beide Anlagen, Nord- und Südplatz genannt, fügen sich schön in die hier beginnende holsteinische Knick- und Hügellandschaft mit dem See ein (ein Teil des Geländes liegt auf Ratekauer Gebiet). Wegen ihrer Teiche, Gräben und anderer Hindernisse sind die Plätze nicht ganz leicht zu spielen. Dafür aber hält sich der bei Golfern gefürchtete Wind durch den alten Baumbestand in angenehmen Grenzen.

Lange Zeit unter dem Protektorat der Hotelgesellschaft, die auch das stattliche reetgedeckte Clubhaus (mit dem berühmten Loch 19 - nämlich der Bar) bewirtschaftete, hat sich der Club im Jahr 2001 völlig vom Hotel gelöst und sich als Golf Club Timmendorfer Strand e.V. (GCT) neu etabliert. Die Mitglieder betreiben den Verein jetzt auf eigene Rechnung. Gäste, die gegen Gebühr (Greenfee) spielen wollen, sind gern gesehen - ein Handicap von 36 vorausgesetzt. Ein Dauerproblem, wie bei allen Golfclubs, ist eine gewisse Überalterung. Ihr versucht man auch in Timmendorfer Strand mit gezielter Nachwuchswerbung an Schulen und in Sportvereinen zu begegnen.

Wie ein Golfplatz-Architekt, dem 105 Hektar Land und über 6 Millionen Euro an Hand gegeben werden, einen völlig neuen Golfplatz erschafft, konnte jüngst nur einige "Drives" entfernt beobachtet werden. In Warnsdorf am Hemmelsdorfer See - in weniger dramatischem, aber ebenso schönem Gelände - entstand 2001/2002 der Maritim Golfpark Ostsee mit einer weiträumigen 27-Loch-Anlage. Mit gewaltigen Erdbewegungsmaschinen wurde hier Gelände gestaltet. Die Gemeinde Ratekau, auf deren Gebiet die Anlage liegt, hat sich ein Drittel naturbelassene Fläche ausbedungen. Das versuchte man mit Freiflächen zu erreichen, in die - so der neue Clubmanager - „noch ein weiterer Golfplatz hineinpassen“ würde.

Hockey-Eleven

Wem Fußball (oder gar Football) zu rau, Tennis zu überlaufen und Golf zu teuer ist, der schickt seine Kinder zum Hockeyspielen. Gibt es eine timmendorfgeeignetere Sportart? In diesem Sinne veranstalten seit über zehn Jahren das Maritim Golf- und Sporthotel, der Kurbetrieb Timmendorfer Strand und der Deutsche Hockey-Bund in den Sommerferien ein beispielhaftes Hockey-Ferien-Camp. In mehreren Wochen-Kursen lernen 11- bis 17-jährige Jungen und Mädchen in komfortabler Urlaubsatmosphäre besser Hockeyspielen. Trainiert wird auf dem neuen großen Kunstrasenplatz beim Ostseegymnasium, bei schlechtem Wetter auch in der Halle. Ein großer Erfolg, wie die hohe Zahl der Teilnehmer und Wiederholer zeigt.

Jogging vom Feinsten

"Die schönste Laufstrecke Europas" nennt der marathonerprobte Jürgen Hunke die Strandpromenade. Ihr Loblied im Allgemeinen ist schon gesungen worden, aber als Lauf-Parcours für Joggerinnen und Jogger (sowie die immer zahlreicher werdenden Anhänger des Walking) ist sie wirklich exzellent. Das Workout an der Parkbank gehört dazu.

Die Länge der Strecke, ihr abwechslungsreicher Verlauf, der gelenkschonende Sandboden, das Ostsee-Panorama, die schönen alten Bäume - kurz: ein Traum. Der am allerbesten frühmorgens zu realisieren ist. Der morgendliche Frieden, das Licht der aufgehenden Sonne, vielleicht ein leichter Morgennebel (der dann sogar die aus ihm auftauchenden Hotelhochhäuser romantisch verklärt), die langgezogenen Schreie der Möwen ... Und für den Fall, dass einem schon jemand begegnet, der etwa Brötchen holen will oder seinen Hund ausführt: Hier grüßt man sich noch, auch unbekannterweise, und zwar freundlichst!

Katamaran-Segler bei einem Manöver.

Die Welt des Segelns

Timmendorfer Strand gehört - spätestens seit dem Bau des Niendorfer Hafens - zu den Bädern, die auch mit dem eigenen Boot erreicht werden können. Stilvollerweise natürlich mit einem Segelboot, am besten einer richtigen Yacht. Heute verfügt Niendorf über einen ausgewachsenen Segelhafen mit knapp 250 Liegeplätzen und einem Yachtservice. Es gibt drei Klubs (man achte auf die Unterschiede):

- Niendorfer Yachtclub e.V.
- Segler-Verein Niendorf/Ostsee und
- Seglergemeinschaft Jollenstation Niendorf/Ostsee e.V.

Daneben existiert eine Segelschule.

Nach außen treten die Segler und ihre Organisationen eher unauffällig in Erscheinung. Nur bei einer Regatta zaubern die großen Teilnehmerfelder internationaler Wettbewerbe faszinierende Bilder für alle auf die

Bucht. Dagegen herrscht im und um den Seglerhafen während des ganzen Sommerhalbjahres reger Betrieb. Das Spektrum der Akteure reicht von wetterresistenten Sportseglern über jugendliche Jollen-Segelschüler und gemütliche Kaffee-Skipper bis hin zu arrivierten Yacht-Ownern.

Irgendwann ist dann aber für sie alle die schöne Zeit vorbei. Gegen Ende der Saison müssen einige Tagewerke auf das "Einwintern" des Bootes verwendet werden. Bis zu 20 Tonnen schwere Yachten kann der Kran der Evers-Werft aus dem Hafenwasser hieven. Im Winter ist es im Segelhafen ruhig. Nicht so in den Werfthallen. Hier wird fleißig gewartet, ausgebessert und gebaut. Im Übrigen liegen die Boote - gegen gute Gebühren - dort im Winterlager.

Surfen, klassisch

Als ideal ist das Timmendorfer Windsurf-Revier nicht zu bezeichnen. Dennoch nährt eine Surf- und Katamaran-Schule am Sport- und Spielstrand sommers ihren Mann. Kein leichtes Geschäft, besonders was die Anfängerkurse betrifft. Autoritär, lautstark und manchmal auch etwas unhöflich geht es deshalb im Übungsgebiet zu; Zartbesaitete sollten das Tretbootfahren vorziehen. Der Umgang mit dem schweren Brett und einem über vier Meter langen Segelmast, mit Schot und Gabelbaum - und das alles in einem Neoprenanzug - will gelernt sein. Noch jeder macht beim ersten Aufsteigen eine unglückliche Figur. Irgendwann hat man´s dann aber, und fortan kann mit dem Board auf dem Autodach herumgefahren werden. Die der Sucht Verfallenen zieht es jedoch bald in geeignetere Gewässer. Andere wieder werden abtrünnig und steigen auf Avantgardistisches um wie Kite-Boarding. Noch um einiges dynamischer als Surfing, ist dieses faszinierende Drachen-Reiten mit seinen Sprung- und Flugeinlagen aber nur etwas für Starkwindreviere und dürfte deshalb Timmendorf fern bleiben. Doch wer weiß?

Wo bitte geht's zum Surfen?

Wo ist der Schiedsrichter? Eishockey in Timmendorf.

Planet Eishockey

Wer erwartet in einem deutschen Ostseebad eine Eishalle mit 1500 Plätzen und einen Eishockeyverein samt einer umjubelten Profi-Mannschaft? Mit dem Projekt Eissport- und Tennis-Centrum (ETC) aus dem Jahr 1984 hatte das Bad die Voraussetzungen geschaffen. Und in der Zwischenzeit ist dort - neben den Hallentennisaktivitäten - eine ganz eigene Welt um dieses rasante Spiel mit dem kleinen schwarzen Puck entstanden. Jedenfalls von Oktober bis März ist Eishockey ein gerade in dieser Jahreszeit willkommenes Hauptthema in Timmendorfer Strand.

Träger ist der ECT (Eishockey-Club Timmendorfer Strand e.V.). Er hat auch eigene Nachwuchs- und sogar Damenteams, aber die große Attraktion sind natürlich die gehätschelten Profi-Cracks der Oberligamannschaft. Mit Fan-Club, mit Vereinslokal, mit Schals, Aufnähern und Mützen - und mit vorbehaltlos gellender Unterstützung bei den Heimspielen der "Beach Boys". Eine lange Reihe guter Stammspieler wird ergänzt durch ein paar klangvolle (und wohl auch kostspielige) kanadische Namen. Sie spielen dann gemeinsam an guten Tagen die Erzrivalen aus Hamburg oder Berlin an die Bande, und das ETC kocht über.

Schade eigentlich, dass nur so wenige Touristen im Winterhalbjahr den Weg in die unglaubliche Atmosphäre dieser Halle finden. Und auch mancher Timmendorfer Sportfreund steht dem Ganzen skeptisch gegenüber. An den kühlen 7 bis 8 Grad in der Halle wird das nicht liegen. Eher wohl daran, dass dieses Eishockey etwas Künstliches, Übersteigertes, Außersportliches zu haben scheint. Ganz ähnlich übrigens wie die folgende Sportart. Die allerdings kommt mit einem Stück Strand, einem Netz, einem Ball und den bloßen Händen aus.

Nicht zu toppen: Beachvolleyball

Wer bei den Olympischen Spielen in Sydney 2000 zufällig die Übertragung des Beachvolleyballspieles um die Bronzemedaille der Männer gesehen hat (sehr überraschend gewannen zwei Deutsche), der konnte aus diesem einen fernen Spiel bei den Antipoden erfahren, was den höchst fernsehgeeigneten Sport so populär macht: Rasanz, Spannung, Athletik, Verständnis der Spieler untereinander, Klarheit der Regeln, Übersichtlichkeit, kurze Spieldauer - und blanke Emotionen, die sich von den Spielern auf das Publikum übertragen. Viele Timmendorf-Besucher wissen das längst (und manche kennen Timmendorfer Strand sogar nur in diesem Zusammenhang). Seit 1993 schon finden nämlich am Timmendorfer Hauptstrand die Endspiele der Deutschen Meisterschaften statt. Sie sind inzwischen das Timmendorfer Ereignis mit der größten Publizität überhaupt geworden. Hier hat sich offenbar getroffen, was zueinander gehört - das Spitzenereignis einer begeisternden modernen Sportart und sein geeigneter Schauplatz (das „Mekka des deutschen Beachvolleyballs“, sagt man beim Veranstalter, der Sportmarketing-Agentur MNP in Hamburg, euphorisch).

Das Sportereignis des Jahres: Deutsche Beach-Volleyball-Meisterschaft.

Insgesamt über 50000 Zuschauer zieht dieses Spektakel - wie immer an einem (verlängerten) August-Wochenende - an. Der Ort ist ausverkauft. Mit einem sponsorfinanzierten Etat von einigen hunderttausend Euro generalstabsmäßig von MNP vorbereitet und betreut von einer 120-köpfigen Organisationscrew, bietet die Show auf dem Center Court an der Seebrücke dann live jenes beschriebene Sydney-Feeling. Das Fernsehen ist dabei. Eintritt für die 4300-Sitzplatz-Tribüne wird nicht genommen - es würde sich nicht "rechnen". Ordner regeln lässig den Zugang: Es kommen immer so viel herein, wie hinausgehen. Ewig bleibt sowieso keiner auf den Holzbänken sitzen. Das übernächste Spiel auf dem Center Court ist ja genauso interessant. Und schließlich müssen auch die zehn Gastroständе auf dem Event-Gelände leben.

Neue Regeln seit 2001 haben die Attraktivität des Spiels noch erhöht. Getragen wird das Ganze von einer Mischung aus naiver Begeisterung, Schau, Sport und fetziger Musikanimation (in jeder Spielpause), von DJ und Moderator mit Hilfe von 5000 Watt gekonnt eingespielt. Das ergibt eine Art Freiluftdisko-Atmosphäre - richtige Disko ist dann Sonnabendnacht bei der "Groove Night" in der Eissporthalle.

Die durchtrainierten, hochgewachsenen und durchweg ansehnlichen Kämpferinnen und Kämpfer gehen profihaft mit ihrem Publikum um. Sie haben ihre Rituale (das Abklatschen, das Umarmen, die geheimen Fingerzeige hinterm Hintern für den Aufschläger) und zeigen jedes Gefühl ostentativ: dabei entfährt dann auch Damen beim missglückten Baggern schon einmal ein unziemliches "Oh, Scheiße!". Das Durchschnittsalter des Publikums dürfte noch unter dem der Sportler liegen - die Urlauber von übermorgen. Beste Laune allenthalben, entspannte Stimmung, lockere Zwischenrufe, und auch der Hader der Unterlegenen oder gar die Tränen der Verliererinnen sind schnell wieder vergessen.

Am Sonntagabend schon wird mit dem Abbau angefangen. Timmendorfer Strand muss wieder in seinen seriösen Normalzustand überführt werden, aus dem es das Beachvolleyball-Fieber für drei tolle Tage herausgerissen hat. Bis zum nächsten Jahr!

Spiel, Satz und Sieg für Timmendorf: Beachvolleyball-Szene.

Fazit und Ausblick

Was also ist Timmendorfer Strand? Geschichte und Gegenwart des Ostseebades sind in Text und Bild an den Leserinnen und Lesern vorbeigezogen. Die Zeitspanne reichte von der Eiszeit bis in unser drittes Jahrtausend. Bedeutung hat der Ort aber erst nach dem Zweiten Weltkrieg erlangt. In dieser Zeit wurde Timmendorfer Strand, obwohl es weder über Mittelmeerklima noch über eine dramatische Brandungs- und Dünenküste verfügt, niemals ein "Kaiserbad" war und nicht einmal auf einer Insel liegt, innerhalb weniger Jahrzehnte ein Bade- und Kongressort der nationalen Spitzenklasse. Heute hat es einen klangvollen Namen, ein gewisses Image: "Nobelort an der Lübecker Bucht", "mondän, extravagant, glamourös", "Schickeria-Treff mit exklusiven Geschäften und super Freizeitangeboten" - so und ähnlich lauten die Attribute in den Reiseführern (wie zutreffend sie auch immer sein mögen).

Die Geschichte dieser erstaunlichen Entwicklung, geschildert im ersten Teil des Buches, war zugleich spannende Zeit-Geschichte: Natürliche, historische und politische Grundlagen, eine Parallel-Chronik Niendorfs und Timmendorfs, ihre Vereinigung von 1945 und der phänomenale Aufstieg bis zu dem Timmendorfer Strand von heute - die Rede war von klugen Weichenstellungen, glücklichen Fügungen und riskanten Vorhaben, von Glanzpunkten und auch Krisen (am Anfang sogar einer Katastrophe), von Badewirten, Bauherren und Bürgermeistern.

Ein umfassendes Mosaik des so Entstandenen dann im zweiten Teil des Buches, der den modernen Doppelort mit all seinen Einrichtungen und Angeboten auf der Höhe der Zeit zeigte. Text und Bilder wollten aufspüren, was die offensichtliche Faszination von Timmendorfer Strand ausmacht, was es seiner Konkurrenz voraushat - und woran es vielleicht auch

Sonderrolle: Die Kirche

Durch Konfessionsanteile und Einwohnerentwicklung ist der "Ev. Luth. Waldkirche" in Timmendorf eine besondere Rolle zugewiesen. Wie die politische Gemeinde, so war auch diese Kirchengemeinde seit ihrer Verselbständigung 1946 nur in wenigen Händen. Seit 1992 führt Pastor Prof. Thomas Vogel diese Gemeinde, die zum Bezirk der Bischöfin für Holstein-Lübeck gehört. Durch den Kirchenvorstand, dem neben dem Pastor zwölf Frauen und Männer aus Timmendorf und Umgebung angehören, ist eine enge Verbindung mit der Wohngemeinde gegeben. Pastor Vogel kann stolz darauf verweisen, dass seine Kirche gegen die sonstige Tendenz wachsende Besucherzahlen aufweist. 1982 nochmals räumlich um etwa ein Drittel erweitert und 1998 um eine neue Orgel bereichert, ist die Kirche vor allem im Sommer, aber natürlich auch an den hohen kirchlichen Feiertagen gut gefüllt. Die Besucher wissen offenbar nicht nur Liturgie und Predigt, sondern auch die besonders engagierte kirchenmusikalische Begleitung - zuweilen sogar mit gemeindeeigenem Gospelchor - zu schätzen.

Ausstrahlung nach draußen geht neben den Gottesdiensten, die Vogel um weithin beachtete Predigt-Reihen bereichert hat, auch von den unter seiner Leitung stehenden "Timmendorfer Gemeinde-Gesprächen" aus: Bedeutende Persönlichkeiten aus Wissenschaft und Politik referieren über Zeit- und Glaubensfragen.

noch fehlt. Baden, Wellness, Shopping, Essen und Trinken, Architektur, Kultur, Vergnügungen sowie der Sport waren die Facetten, die ausgeleuchtet wurden, mit dem einen oder anderen Blick hinter die Kulissen.

Unverkennbar der Einfluss, ja vielleicht eine gewisse Dominanz der nahen Metropole Hamburg. Was aber Lebensstil und Selbstverständnis von Timmendorfer Strand noch stärker bestimmt, ist die intensive bürgerschaftliche Mitarbeit seiner Einwohner. Dabei schließt Mitwirkung auch Opposition ein; Konflikte wurden mustergültig durch Bürgerentscheide behoben. Timmendorfer Strand bietet das Bild einer zufriedenen und selbstsicheren, zugleich aber auch aufgeschlossenen, kommunikativen und engagierten Gemeinde. Die Bürgerinnen und Bürger kümmern sich um ihre Angelegenheiten, sie schauen nach vorn - und sie haben die Gastfreundschaft zum Prinzip gemacht.

Im Quervergleich

Timmendorfer Strand steht nach Besucherzahl und Übernachtungen seit langem an der Spitze der schleswig-holsteinischen Ostseebadeorte. Schon früh hatte es Niendorf überholt, zusammen liegen sie jetzt klar vor Grömitz und weit vor dem benachbarten Scharbeutz, ganz zu schweigen von den kleineren Bädern. Und der namhafte Nachbarort auf der anderen Seite - Travemünde? Auch den hat Timmendorfer Strand lange hinter sich gelassen, obwohl der klangvolle Lübecker Stadtteil sicherlich einmal die besseren Grundvoraussetzungen hatte. Im Herbst 2002 wird Travemünde auch den Ostseebäderverband los, der dort seinen langjährigen Sitz hatte. Die wichtige Organisation siedelt sich dann nämlich in Timmendorfer Strand an. Zeichen der Zeit?

Unter den Nordseebädern wird Westerland, der Sylter Hauptort, von Timmendorfer Strand als ebenbürtig angesehen - einmal im Jahr gibt es offizielle gegenseitige Höflichkeitsbesuche. Ansonsten aber liegt dort an der Westküste Schleswig-Holsteins nicht die eigentliche Timmendorfer Konkurrenz. Denn wer das raue Nordwestmeer liebt, dem ist die Ostsee ohnehin zu zahm; andererseits ist es dem eingefleischten Ostseeurlauber dort drüben meist zu windig. Und überhaupt ist man hier in Ostholstein eher ein bisschen reservierter und fühlt sich im extrovertierten Sylt gar nicht so wohl.

Nein, die wahre "Gefahr" liegt im Osten. Vor allem sind es die beiden mecklenburg-vorpommerschen Inseln Rügen und Usedom mit ihren großartigen Landschaften und ihrem geretteten Fundus an alter Bäderarchitektur, die mit Schwung wieder ihre früheren Spitzenplätze einnehmen. Doch auch weniger begünstigte, dafür aber näher liegende Bäder wie Boltenhagen oder Kühlungsborn spielen im Wettbewerb wieder eine Rolle - vor allem dann, wenn eines Tages die Ostseeautobahn A 20 fertig sein wird. (Dass die ehemaligen DDR-Ostseebäder generös öffentlich unterstützt werden, sollte ihnen nach den vierzig Jahren des Niedergangs niemand neiden.) Ausruhen auf dem Erreichten kann es daher für Timmendorfer Strand nicht geben.

Ein Blick in die Zukunft

Der insgesamt fünfjährige Zentrumsausbau in Timmendorf wurde im Frühjahr 2002 zu Ende gebracht. Landschaftsarchitekt Henning Klapper hat das ganze Vorhaben, für das alles in allem fast neun Millionen Euro ausgegeben worden sind, einheitlich gestaltet und Lob dafür geerntet. Jetzt sitzt er schon an Entwürfen für entsprechende Umgestaltungsmaßnahmen in Niendorf. (Dort wird es aber nicht vor 2006 so weit sein, bremst der Bürgermeister angesichts baurechtlicher Probleme und auch schwindender Finanzreserven.) Jedenfalls soll sich das Ergebnis dann von dem des größeren Ortsteils deutlich abheben,

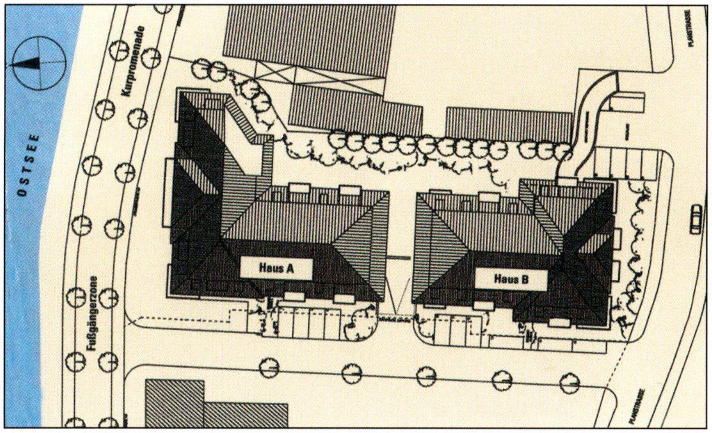

Das neue Niendorf: Detail der Ortsplanung.

Das Modell des neuen Schul- und Sportzentrums.

indem in Niendorf "die Elemente Strand, Sand und Düne hervorgehoben" werden, wie Klapper sagt. Eine Verkehrsberuhigung im Niendorfer Zentrum tut dringend Not, erfordert aber neue Straßenverläufe, Grundstückstransaktionen - und Geld. Die Pläne liegen schon im Rathaus auf dem Schreibtisch. "Wenn das hier einmal fertig ist", meint Bauamtsleiter Rabbe, "wird es ein neues Niendorf sein!"

Zum finanziell bisher größten Einzelobjekt der Gemeinde wird das neue Schul- und Sportzentrum auf dem (bereits jetzt entsprechend genutzten) zentralen Timmendorfer Gelände an der Poststraße. Den ausgeschriebenen Architektenwettbewerb gewann ein Berliner Büro, dem allerdings danach von der Gemeindevertretung mehrere neue Fassadengestaltungen und eine andere Dachform abgerungen wurden. Im ersten Bauabschnitt entsteht ab April 2002 für über sechs Millionen Euro eine wettkampfgerechte Sporthalle. Sie soll dem Schul- und auch dem Vereinssport entscheidend auf die Sprünge helfen. Bisher musste man sich entweder mit kleinen Turnhallen oder auswärtigen Stätten behelfen - oder im Winter pausieren. Im Sommer 2003 wird Timmendorfer Strand um diese Attraktion reicher sein. Allerdings auch um ein größeres Stück Bauland in der Ortsmitte ärmer, das zur Finanzierung der Neuinvestition verkauft werden muss.

Schwacher Punkt: Küstenschutz

Alle bisher erwähnten Planungen könnten allerdings hinfällig werden - wenn nämlich eines Tages die 1872er Sturmflut mit ihren fast unglaublichen 3,47 Meter über NN wieder auflaufen würde. Die gesamte Küstenniederung von Haffkrug bis Niendorf wäre bedroht und würde zu einem großen Teil überflutet; die Schäden, vermutlich auch Opfer, wären wegen der viel dichteren und strandnäheren Besiedlung um ein Vielfaches höher als damals. Allerdings sind seither keine derartigen Wasserstände mehr gemessen worden: 1954 waren es "nur" 2,02 Meter (immerhin mit Katastrophenalarm und beträchtlichen Schäden in Niendorf), genau 50 Jahre vorher einmal 2,13 Meter. Anfang 2002 scheinen sich die Hochwasserlagen wieder zu häufen.

Im Sommer 1999 bereits hatten Scharbeutz und Timmendorfer Strand zusammen mit dem zuständigen Kieler Ministerium die Entwicklung eines "integrierten Küstenschutzkonzepts" für ihre gefährdete Niederung beschlossen. Das klingt nach Systematik, und so ging

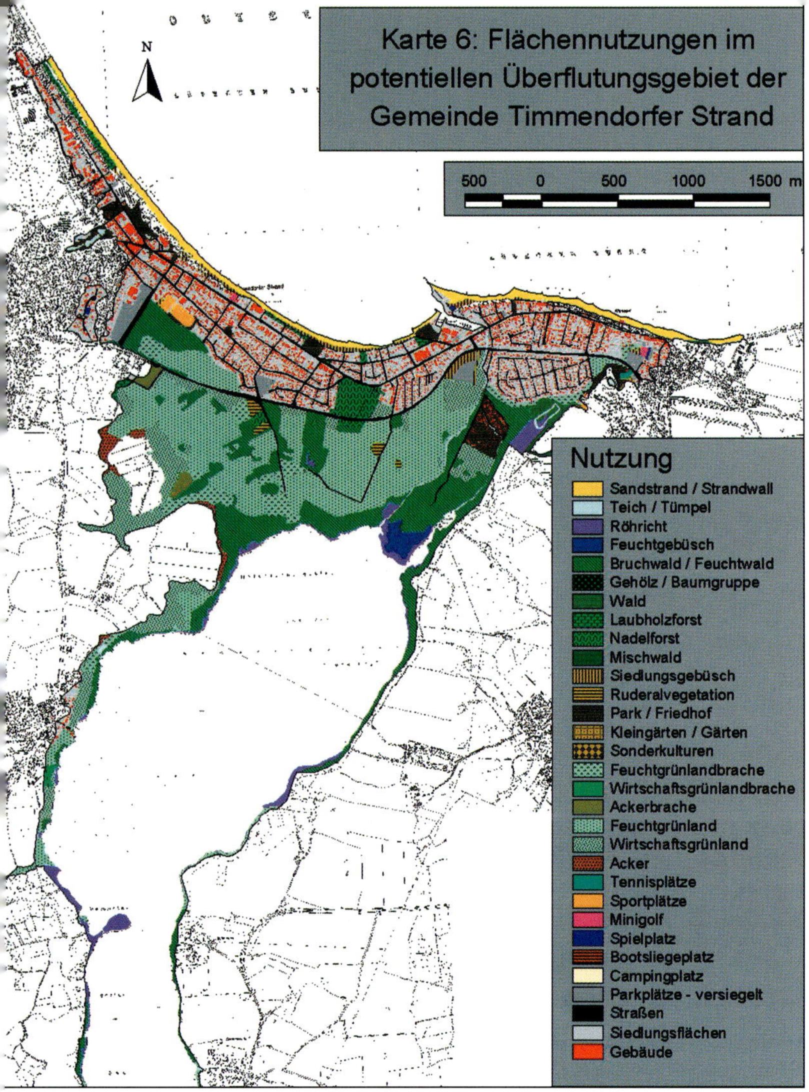

man auch heran. Ermittlung von Grunddaten (Wasserstände, Strömungen, Wind und Einwohnerzahlen), Modelle und Simulationen, und Ende 2001 schließlich erste "Machbarkeitsstudien". Hier war schon konkreter von Schutzmauern und Spundwänden die Rede, und für die Experten wurden Stichworte wie "geotextile Bewehrung" und "Sedimentzufuhr" ausgegeben. Hinauslaufen muss es letztlich auf einen Mix aus all diesem. Und der wird für Anwohner und Gäste zwar sichtbar, aber keineswegs verheerend ausfallen: hier und dort leichte Erhöhungen der Dünen, "überschaubare" Mauern wo nötig, ausreichend viele Durchgänge an den Strand - und alles so seebadverträglich wie möglich. Die 1872er Flut würde damit zwar nicht aufgehalten werden können, denn voraussichtlich wird ein Wasserstand von 2,50 Meter über NN als kritische Höhe zu Grunde gelegt werden. Es bleibt das berühmte Restrisiko.

Visionen

Was kann, was soll in den nächsten Jahrzehnten aus Timmendorfer Strand werden? Es scheint so, als ob die besonders in den 1950er und den 1990er Jahren fulminante Entwicklung, die den Ort in eine Spitzenstellung gebracht hat, jetzt in etwas ruhigeren Bahnen verläuft. Braucht Timmendorfer Strand, auch im Hinblick auf die hellwache Konkurrenz, also eine neuerliche Initialzündung? Und wenn ja - wie sollte sie aussehen? Die Modelle "Sturmflut" (1872) oder "Weltwirtschaftskrise" (1930er Jahre) wollen wir - als jeweils zu makaber - lieber ausschließen. Und die eigenen Finanzen, sowohl der Kommune als auch des Landes, geben zur Zeit nicht sehr viel her. Also Private an die Front?

Die Gemeindeführung ist sich der Problematik wohl bewusst. Man hat eine ganze Reihe von Pfeilen im Köcher, aber noch ist keiner zum Abschuss reif. Ideen, Initiativen und Investoren gibt es genug, und über das eine oder andere wird auch bereits verhandelt. Aber der Wettbewerb unter den Gemeinden ist scharf, und zu verschenken hat Timmendorfer Strand nichts. An der touristischen Monostruktur kann und soll im Übrigen kaum etwas geändert werden. Bürgermeister (und Sportsmann) Volker Popp will jedoch mit seinem Ort unter den Ostseebädern "auf jeden Fall weiter in der Champions League mitspielen", wie er sagt. Und deshalb wird er eines Tages wohl mit der einen oder anderen interessanten Neuigkeit (oder gar Sensation?) aufwarten ...

Die aber muss der nächsten Auflage dieses Buches vorbehalten bleiben.

Quellenverzeichnis

Chronik der Bädergemeinde Timmendorfer Strand, Timmendorfer Strand 1965, 2. erw. Aufl. 1979
600 Jahre Niendorf - Ostsee (1385 - 1985), Festschrift (Text Otto Rönnpag), 1985
Otto Rönnpag, Timmendorfer Strand gestern und heute, Horb am Neckar 1989
Otto Rönnpag, Timmendorfer Strand in alten Ansichten, Zaltbommel/Niederlande, 3. Aufl. 1991
Otto Rönnpag, Timmendorfer Strand - das Bad im Grünen, Zaltbommel/Niederlande 1993
Klaus Albertz / Ulrich Höhns (Hrsg.), Architektur in Schleswig-Holstein seit 1945, Hamburg 1994
Harald Kimpel / Johanna Werckmeister, Die Strandburg, Marburg 1995
Chronik des Niendorfer Fischereihafens anläßlich der 75 Jahr-Feier, Timmendorfer Strand 1997
Eckardt Opitz, Schleswig-Holstein, Das Land und seine Geschichte, 2. Aufl., Hamburg 1998
Sylvia Propp, Ostseeküste Schleswig-Holstein, Ostfildern 1999/2000
Sylvia Schneider, Schlemmerland Schleswig-Holstein, Flensburg 2000
Hans Zobel, Die Feldsteinkirche in Ratekau, Ratekau o.J.

Außerdem standen dem Verfasser Archiv- und aktuelles Material der Gemeinde und des Kurbetriebs Timmendorfer Strand, die privaten Archive von Otto Rönnpag und Hans-Ulrich Göllnitz sowie die Jahrgänge 1955 bis 1987 der "Ostsee-Perle, Kurzeitung der Ostseeheilbäder Timmendorfer Strand/Niendorf" zur Verfügung. Das Land Schleswig-Holstein sowie der Ostseebäderverband Schleswig-Holstein steuerten bereitwillig Material bei. Die beiden Anagramme auf Seite 73 sind von Friedrich Wolfenter. Das Modell auf Seite 129 ist von den Architekten Cornelia Ernst und Walter Nauerschnig sowie dem Landschaftsarchitekten Svenn Gleue.